校本课程读本 （丛书主编:朱华伟 编委:邢向钊 王东文 宋德意 韩晓宏 高青 郭玉竹 郭胜宏 李天民 冯伟）

化学开放实验

李天民 冯 伟 编著

吉林大学出版社

图书在版编目（CIP）数据

化学开放实验／李天民，冯伟编著. —长春：吉林大学出版社，2018.5
ISBN 978 – 7 – 5692 – 2323 – 1

Ⅰ. ①化… Ⅱ. ①李… ②冯… Ⅲ. ①化学实验 – 高中 – 教学参考资料 Ⅳ. ①G634.73

中国版本图书馆 CIP 数据核字（2018）第 126183 号

书　　名　化学开放实验
　　　　　HUAXUE KAIFANG SHIYAN

作　　者　李天民　冯　伟　编著
策划编辑　朱　进
责任编辑　朱　进
责任校对　高桂芬
装帧设计　美印图文
出版发行　吉林大学出版社
社　　址　长春市人民大街 4059 号
邮政编码　130021
发行电话　0431 – 89580028/29/21
网　　址　http://www.jlup.com.cn
电子邮箱　jdcbs@jlu.edu.cn
印　　刷　三河市嵩川印刷有限公司
开　　本　787mm×1092mm　1/16
印　　张　8
字　　数　130 千字
版　　次　2018 年 5 月第 1 版
印　　次　2023 年 7 月第 2 次
书　　号　ISBN 978 – 7 – 5692 – 2323 – 1
定　　价　25.00 元

前　言

　　化学是一门实验性很强的自然学科,实验是化学的灵魂。目前,我国中学学生化学实验普遍是以封闭的验证性实验为主,这种验证性的实验过分重视实验前预设,封闭而保守,已经不适应时代的要求。新课程标准要求:"条件较好的学校应向学生开放化学实验室,为学生自主地开展实验探究活动创造良好条件"。我校是国家新课改样板学校,为适应课程改革要求,从2010年始开设实施了化学开放实验课程。该课程实施几年来,收到了很好的效果,得到了学校和学生们的充分认可和好评,并于去年被深圳市教育局遴选为中小学"好课程"。

　　该课程的实施,能真正让学生从自己的兴趣出发,根据不同的发展需要,独立进行实验仪器操作,独立处理实验数据,独立分析推证实验结果,在经历实践探究过程中获得更深层次的情感体验,激发了学生学习化学的浓厚兴趣,培养学生的创新精神和独立思考解决实际问题的能力,该课程在化学教学中有很大的推广应用价值。

　　为了开放实验课程班级学生需要,本书安排了配合国家教材的十几个精品主题实验,这些实验每一个都包括背景知识介绍、实验原理、操作步骤及课后反思等几块内容,要求学生独立进行实验操作,写出实验报告。此外,本书还浓缩汇编了该课程实施几年来学生大量课外实验中的部分实验成果,这些各种类型的实验,相当部分都是学生感兴趣的自主设计探究实验,凝聚了学生们实验失败时的艰辛和成功时的喜悦,这些都为今后我校学生的化学学习提供了十分珍贵和丰富的资料。

　　本课题是在新课程改革背景下,在学校领导及教导处关心和支持下,经过化学课组全体老师几年来共同努力完成的,凝聚了全体化学老师们的心血和汗水,在此对老师们的辛苦付出表示衷心的感谢!

　　由于编者水平有限,书中错误和不足之处在所难免,敬请读者指正。

编者

2016 年 8 月于深圳

目 录

第一单元　化学开放实验课程主题实验部分

第二单元　学生自选开放实验部分(节选)

第三单元　化学开放实验学生论文(节选)

第 一 单 元

化学开放实验课程
主题实验部分

主题实验一 玻璃管(棒)、滴管和弯管的加工制作

【实验背景】

玻璃工操作是化学实验中的重要操作之一。因为日常实验中常用的玻璃棒、滴管和弯管等常需要自己动手操作。在玻璃工操作中最基本的操作是玻璃棒、滴管和玻璃弯管的制作。

【实验目的】

1. 了解酒精喷灯的使用方法;

2. 学习玻璃管和玻璃棒的截断及烧圆、拉滴管和制作弯管等简单加工操作;

3. 制作玻璃弯管(75°、90°)、玻璃棒、滴管各一个。

【实验原理】

普通玻璃的软化温度在600℃左右,而一般酒精灯的加热温度为400℃~500℃,故不能使玻璃软化。本实验使用座式酒精喷灯加热玻璃管,酒精喷灯的一般加热温度为800℃~900℃,最高可达到1000℃~1200℃;火焰外层为氧化焰,温度最高,中层为还原焰(文火),内层为焰心,一般氧化焰用来对玻璃加热,还原焰用来对玻璃预热和退火。

【实验所需材料】

酒精喷灯、长玻璃棒(管)、锉刀、石棉网;酒精。

【酒精喷灯使用方法】

1. 检查酒精蒸气出口,保证出气口畅通;

2. 用小漏斗向酒精壶内加酒精,不能超过酒精壶容积2/3;

3. 向预热盘内加入适量酒精,用火柴点燃酒精使灯管受热,当酒精将要燃完且在灯管口有火焰时,移动喷气阀门调节器调节火焰为蓝色或无色为正常火焰;

4. 熄灭方法:用石棉网盖灭或者调节器上移。

【实验步骤】

1. 玻璃棒的制作:取直径4—5mm的长玻璃棒一根,用锉刀将玻璃棒切割截取长12cm、14cm和16cm各一根。其方法为:将玻璃棒平放在桌面上,选定尺度后,左手按着玻璃棒,右手持锉刀,在需截断处用锋利的三角锉刀迅速往前锉出一条细而深的痕,一次不行,再多锉几次,然后两手捏住锉痕

两旁,大拇指顶住锉痕背面,两手向前推,同时朝两边拉,玻璃棒便会平整断开。圆口:将玻璃棒二端分别放在酒精喷灯的外焰上灼烧并不断旋转,至截口的外边线出现微红色即可,制品留作以后实验使用。

2. 玻璃滴管的制作:领取清洗干燥的直径约5—7mm长玻璃管一根,将玻璃管切割成合适的长度(可按制成后玻璃滴管总长度约12cm进行切割),切割方法与上述切割玻璃棒方法相同。玻璃管拉丝时,左手握玻璃管,右手托玻璃管进行加热,火焰由小到大,边加热边转动玻璃管,当玻璃管变软时,右手也要将玻璃管做同方向转动,当玻璃管发黄变软时(尚未自动变形前)从火焰中取出,两手做同方向旋转,边转变拉,拉成所需的粗细,直到完全变硬,放在石棉网上冷却,根据需要截取细管所需长度即可。最后在细端口处在小火中熔光滑,粗管口在火中烧软后在瓷板上按一下,使其外缘突出,冷却后装上橡皮滴头即可使用。

3. 制作玻璃弯管:领取清洗干燥的直径约5—7mm玻璃管一根,根据需要制作弯管的长度将玻璃管切割成合适的长度(可按制成后玻璃弯管总长度约10cm进行切割),切割方法与上述切割玻璃棒方法相同。将切割好的玻璃管用左手握着,右手托玻璃管进行加热,火焰由小到大,边加热边转动玻璃管,当玻璃管变软时移出火焰,轻轻弯一角度,然后在火焰上加热(加热部位是前一次加热位置的旁边),再移出火焰轻轻重复弯曲,直到弯成需要的角度(制作75°和90°角的玻璃弯管各一支),然后两端口烧圆即可。

【实验后思考】
石棉网可以用来灭掉酒精喷灯的原理是什么?

主题实验二　乙醇的蒸馏及沸点测定

【实验背景】
蒸馏是分离和提纯液体有机物质的最常见的方法,而乙醇是学生最早了解和最常用的有机化合物,从乙醇的水溶液中分离和提纯乙醇是学生了解和掌握蒸馏的原理和技术的一个较为典型的实验。

我们知道,液体加热时蒸汽压就随着温度升高而加大,当液体的蒸汽压增大到与外压相等时,会有大量气泡从液体内逸出,液体沸腾,这时的温度称为液体的沸点。因为组成液体混合物的各组分的沸点不同,当加热时,低沸点物质就易挥发,变成气态;高沸点物质不易挥发汽化,而留在液体内,这样,我们就能把沸点差别较大(一般30℃以上)的两种以上混合液体分开,以达到纯化的目的。同时,利用蒸馏法,可以测定液体有机物的纯度,每一种纯的液体有机物质,在平常状况下,都有恒定的沸点,而且恒定温度间隙小(纯粹液体的沸程一般不超过1—2℃);当有杂质存在,则沸点会有变化。沸点相近的有机物,蒸汽压也近于相等,则不能用蒸馏法分离,可用分馏法分离。

【实验目的】

1. 了解用蒸馏法分离和纯化物质及测定化合物沸点的简单方法。

2. 掌握蒸馏装置的安装与操作方法,要求整齐、正确。

【实验原理】

将液体加热至沸,使液体变为气体,然后再将蒸气冷凝为液体,这两个过程的联合操作称为蒸馏。蒸馏是分离和纯化液体有机混合物的重要方法之一。当液体混合物受热时,由于低沸点物质易挥发,首先被蒸出,而高沸点物质因不易挥发或挥发的少量气体易被冷凝而滞留在蒸馏瓶中,从而使混合物得以分离。

主要药品及仪器:60%酒精、沸石;蒸馏烧瓶、温度计(100℃)、冷凝管、牛角管、锥形瓶、大烧杯、石棉网、铁夹、铁圈、酒精灯、量筒、铁架台。

【实验步骤】

1. 仪器的安装:其顺序应从热源开始,按自下而上、自左至右的方法,高度以热源酒精灯为准;各固定的仪器装置应以与冷凝管连接成一直线为宜。冷凝管的进水口应在靠近接收管的一端,实验仪器装置如下图。

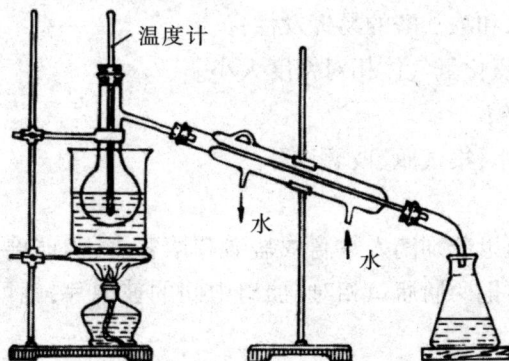

2. 实验蒸馏:往蒸馏烧瓶中加入 40mL60% 的酒精,并加入 2—3 粒沸石,塞好装有温度计的塞子,通入冷凝水,然后用水浴加热,开始火焰可稍大些,并注意观察蒸馏瓶中的现象和温度计读数的变化。当瓶内液体开始沸腾时,蒸气前沿逐渐上升,等到达温度计时,温度计读数急剧上升,这时应适当调小火焰,使温度略为下降,保持水银球上始终有液滴,并与周围蒸汽达到平衡,此时的温度即为沸点,收集馏出液。控制加热,使流出液滴的速度为每秒钟 1~2 滴。当温度计读数稳定时,另换干燥的锥形瓶收集至 79℃ 温度段的各馏分液体(一般 95% 乙醇馏分最多应为 77℃~79℃ 之间)。在保持加热程度的情况下,不再有馏分且温度突然下降时,应立即停止加热,灭掉酒精灯,停止实验。

3. 将所用的蒸馏仪器拆下来,用水洗干净,整理仪器和实验桌面。

【实验后思考】

1. 为什么蒸馏时要加沸石?若加热时发现未加沸石,为什么一定要冷却后才能补加?

2. 什么叫沸点?液体的沸点和大气压有什么关系?

主题实验三　化学兴趣实验二则

一、空瓶生烟

【实验目的】

1. 观察空中生烟现象,知道氨气、氯化氢互相检验的方法;

2. 掌握浓氨水和浓盐酸的易挥发性;

3. 了解氨气、氯化氢气体相对密度大小。

【药品和仪器】

浓盐酸、浓氨水;集气瓶、玻璃片等。

【操作步骤】

在两个集气瓶里分别滴入数滴浓盐酸和浓氨水,用玻璃片盖好,晃动二个集气瓶。实验时把两瓶瓶口相对,抽出中间的玻璃片,就可以看到两瓶内充满白烟。

【实验后思考】

请用分子运动微粒观点解释上述实验现象并写出正确的化学反应式。

二、密信

【实验背景】

小明同学突然接到了小刚的一封来信。这封信被小明的弟弟打开了,他一看就惊叫起来:"哥哥你快来看,这封信怎么只是一张白色的信纸,连一个字也没有写呢?"小明把信接过后对弟弟说:"我会把这张纸变出字来,一会儿你就看见了。"弟弟站在一旁好奇地看着,只见哥哥将这张白的信纸,放到桌面上,用棉签将一种药水涂在白纸上,不一会儿,这张纸上逐渐地显现出字迹来,字迹越来越清楚。你知道这封密信是怎么写成的吗?

【实验原理】

密信通常旧指秘密的书信,多指特殊书写方式或表达方法形成的信文。旧时制作密信有多种方式,最简单制作密信的方式是用米汤、菜汁等液体在纸上书写,还有通常利用化学药品溶液之间反应产生特殊颜色而成的。即:在白纸上用无色试液写字,晾干后看不到字迹,再用能与这种无色试液作用显示一定颜色的试剂来处理,就能显示出所写的字迹。例如:酚酞遇氨水变红色;淀粉遇碘溶液变蓝紫色;铁离子遇无色的硫氰酸钾溶液变血红色等。

药品和仪器:淀粉溶液、碘水、酚酞溶液、浓氨水、三氯化铁溶液、硫氰酸钾溶液;白纸、棉签、毛笔、火柴、酒精灯等。

【实验操作】

1.取一张白纸,用酚酞试剂写一封信,晾干后放在盛有浓氨水的试剂瓶口熏,立即显示出红字迹。放在通风处,稍等一会晾干后又变成无色。可以反复若干次。

2.用稀淀粉溶液在白纸上写字,干后无字迹;用碘水(碘和碘化钾的水溶液)涂抹,显出蓝色字迹,放在火焰上方烘干,蓝色又褪去,也可以反复若干次。

3.模仿上述实验,将你还可以做的写密信操作步骤写下来。

主题实验四　制作水果电池实验

【背景资料】

电池,是人们生活中必不可少的东西。目前我国市场上每年大约销售70亿只电池;所使用的电池种类也越来越多,如铅酸蓄电池、碱锰干电池、碱性干电池和镍氢电池等。在电池通常的使用过程中,重金属物质被封装在壳体内,不会对环境和人体造成危害。但当电池被废弃后,由于长期机械或腐蚀等作用,使得电池内重金属与酸碱等物质泄漏出来,将引起严重的环境污染问题。随着废电池产生量的逐年增加,废电池的环境污染问题日益突出。如何才能够生产出一种既实用又环保的电池成为我们必须思考的问题。我们能不能制作一些既没有污染,又有些用途的绿色电池呢? 水果电池就是一个不错的选择。该电池就是在水果里面插入化学活性不同的金属,通过导线构成闭合回路,由于水果里面有酸性电解质,可以形成一个原电池,这样就构成了一个水果电池。

【实验目的】

利用各种水果,做成水果电池,并探究水果的不同对水果电池产生电流大小的影响关系。

【实验原理】

电池需要利用两种金属,使其成为正极与负极,在它们之间则置有酸或碱液等导电性的物质,这些物质一般称为电解质。电解质可以游离出离子,一般说来,活泼金属接触到电解质,都会放出电子,成为带正电的离子,水果里面的酸和无机盐在这里充当了电解质。当活泼电极如锌片→导线→电表(或小电珠)→导线→水果(水果里面的电解质也可以导电的,可以把它看成一段导线)→不活泼金属(如铜片或碳棒)构成回路,就形成了原电池,产生了电流。以水果电池的反应式如下:

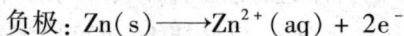

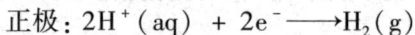

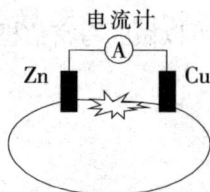

负极：$Zn(s) \longrightarrow Zn^{2+}(aq) + 2e^-$

正极：$2H^+(aq) + 2e^- \longrightarrow H_2(g)$

【实验仪器和药品】

电流表、导线、夹子、pH试纸、锌片、铜片、碳棒、铁砂布;不同的水果,如:橘子、苹果、西红柿等。

【实验步骤】

1.打磨实验使用的铜片与锌片电极。

2.将番茄、橙子、苹果等水果分别与铜片、锌片、电线(带夹子)、电流表连成电路。

3.观察电流表指针偏转情况以及正负极分别与何种金属片相连,并记录。

4.分别观察不同水果时电流表的示数与指针偏转方向,并记录。

5.实验完毕,整理器材,恢复原位。

【实验后思考】

1.请你根据你组所做的实验数据,从不同的电极材料、不同的水果(水果的酸甜度不同)、电极插入水果的不同深度、两电极距离远近不同等几个方面加以总结分析影响原电池电流强度的因素。

2.简述构成原电池的条件。

主题实验五　物质的鉴定实验

【背景资料】

鉴定,是对一种未知物进行确认,目的在于确定待检验物是什么或者待检验物含有哪些成分。物质的鉴定就是要根据物质的某一特性,用化学方法来确定它是不是这种物质或含不含有某种成分或某一物质的组成。通常必须检验出阳离子和阴离子来进行确认。要求操作简单、现象明显,特别要注意在检验时要排除一些物质或离子的干扰。进行鉴定时通常采用的原则是:先取样,后操作;先现象,后结论。具体鉴定时应注意以下几点:(1)要正确选择试剂,操作步骤简单;(2)不能向待测物质中直接加入试剂,而只应取少量试剂进行检验;(3)对几种待测物质进行并列实验时,每进行一次实验,都要另取新溶液,避免已经加入试剂的干扰。(4)含有多种溶质的溶液中离子的鉴定,鉴定前首先应该考虑可能存在的离子是否可能共存? 其次应该考虑离子的鉴定的先后顺序问题,越容易跟其他离子产生干扰的离子越先除去。

【鉴定内容】

现有①～⑥瓶未知溶液,请根据下面所提供的已知试剂,鉴定出六种溶液的具体名称。已知:未知的六种溶液中每一种溶液含有 SO_4^{2-}、CO_3^{2-}、Cl^-、NO_3^- 四种阴离子中的一种,阳离子含有 Fe^{3+}、Cu^{2+}、Al^{3+}、Na^+、NH_4^+ 中的一种。

提供试剂和仪器:氢氧化钠溶液、稀盐酸、稀硝酸、硝酸银溶液、氯化钡溶液、红色石蕊试纸、浓硫酸、硫酸亚铁溶液;试管、火柴、酒精(喷)灯、钴玻璃片、铂金丝。

【实验要求】

请在下面写出你的实验鉴定结果和鉴定的依据:

附:几种离子的鉴定方法

1. Fe^{3+} 的鉴定:加入 KSCN 溶液,如果出现血红色,说明原溶液中有三价铁。离子方程式:$Fe^{3+}+3SCN^-===Fe(SCN)_3$(铁离子和 KSCN 可以形成一系列方程式,所以这里铁和 1—6 份 KSCN 反应都算对)。

2. NH_4^+ 的鉴定:取待测液置于试管中,滴加氢氧化钠溶液(或其他强碱),加热,出现有刺激性的气体(氨气),并用湿润石蕊试纸置于试管口,若试纸变蓝则表示溶液含铵根离子。

3. Al^{3+} 的鉴定:向溶液中逐滴加入氢氧化钠溶液,先产生白色沉淀,然后继续滴加,沉淀逐渐溶解。这是因为铝是两性金属,铝离子先和氢氧根离子作用生成 $Al(OH)_3$ 白色沉淀,$Al(OH)_3$ 为两性氢氧化物,即可溶于强酸,也可溶于强碱,所以氢氧化钠过量,$Al(OH)_3$ 溶解,生成偏铝酸钠。

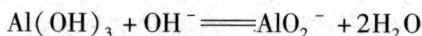

$$Al^{3+}+3OH^-===Al(OH)_3\downarrow$$

$$Al(OH)_3+OH^-===AlO_2^-+2H_2O$$

4. SO_4^{2-} 的鉴定:先加入稀盐酸酸化,没有沉淀产生,然后加入 $BaCl_2$ 溶液,产生白色沉淀,则证明有硫酸根离子。

5. CO_3^{2-} 的鉴定:因为碳酸根离子易与氢离子结合生成二氧化碳气体,所以可用酸来检验。实验室一般用稀盐酸与澄清石灰水来检验。方法是:取样,加入盐酸生成无色的气体,气体通入澄清的石灰水中变混,表示有 CO_3^{2-} 离子存在。

6. Cl^- 的鉴定:将少量 $AgNO_3$ 溶液滴入待测溶液中,震荡,若有白色沉淀产生,再滴加稀硝酸,沉淀不溶解,则证明此溶液中含氯离子。

7. Na^+ 的鉴定:应用焰色反应。取铂丝,用浓盐酸湿洗后,蘸取待测液,在酒精灯或酒精喷灯的无色火焰上燃烧,火焰显黄色,表示有 Na^+ 存在。

8. NO_3^- 的鉴定:利用棕色环试验。操作:往试管里注入适量待测溶液和硫酸亚铁溶液,振荡试管,混合均匀。斜持试管,沿试管壁慢慢注入适量浓硫酸,使密度较大的浓硫酸沉入试管的底部,跟待测液和硫酸亚铁的混合溶液分成两层。稍待片刻,把试管慢慢竖直,不久,两层液体间就有一个棕色的环生成,即表示待测液中含有硝酸根离子。原理:硝酸根离子有氧化性,在酸性溶液中能使亚铁离子氧化成铁离子,而自己则还原为一氧化氮。一氧化氮能跟许多金属盐结合生成不稳定的亚硝基化合物。它跟硫酸亚铁反应即生成深棕色的硫酸亚硝基铁:

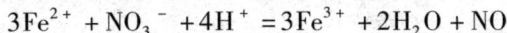

$$3Fe^{2+} + NO_3^- + 4H^+ = 3Fe^{3+} + 2H_2O + NO$$

$FeSO_4 + NO = Fe(NO)SO_4$(深棕色,只存在于溶液中,不稳定,放出 NO 气体)

主题实验六　氢氧化钠溶液的标定

【实验背景】

标准溶液浓度是否准确是滴定分析准确性的重要保障之一。因此,在对酸的滴定中,氢氧化钠标准滴定液浓度的准确性在酸碱中和滴定分析中显得尤为重要。学习和掌握标准溶液的标定,是化学分析工作者最重要的基础工作。

【实验目的】

1. 掌握氢氧化钠溶液的配制和标定方法;

2. 熟悉滴定操作和滴定终点的判断;

3. 为下一个滴定酸实验提供准确的标准溶液。

【实验原理】

氢氧化钠滴定液是进行化学定量分析常用的滴定液。标定 NaOH 的基准物质有草酸($H_2C_2O_4 \cdot 2H_2O$)、苯甲酸($C_7H_6O_2$)、邻苯二甲酸氢钾($KHC_8H_4O_4$)等。通常用邻苯二甲酸氢钾标定 NaOH 滴定液,标定反应如下:

$$KHC_8H_4O_4 + NaOH =\!=\!= KNaC_8H_4O_4 + H_2O$$

达到计量点时,生成的弱酸强碱盐水解,溶液为碱性,采用酚酞做指示

剂。依据反应式中氢氧化钠和邻苯二甲酸氢钾按 1∶1 物质的量之比进行反应,根据准确量取邻苯二甲酸氢钾溶液的物质的量以及滴定过程中消耗氢氧化钠溶液的体积数,即可计算出氢氧化钠的准确浓度。

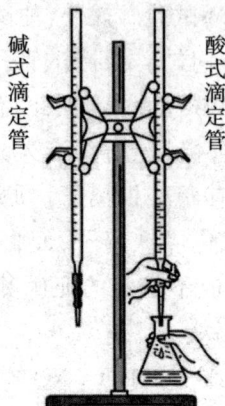

中和滴定装置和操作示意图

【仪器和药品】

数字分析天平、数字台秤、称量瓶、烧杯(100mL、250mL 各一个)、容量瓶(250mL)、碱式滴定管(25mL)、量筒(100mL)、烧杯(500mL)、吸耳球、吸量管(25mL)、玻璃棒、锥形瓶;氢氧化钠(分析纯)、邻苯二甲酸氢钾(基准物质)、酚酞指示剂(0.1% 乙醇溶液)。

【标定操作步骤】

1. NaOH 标准溶液(0.1mol/L) 的配制(老师配制提供);

2. NaOH 标准溶液(0.1mol/L) 的标定:称取在 105℃ ~110℃ 干燥至恒重的邻苯二甲酸氢钾 3.0 ~3.6g 一份,称至小数点后四位,置于小烧杯中,用新煮沸并冷却的蒸馏水溶解、定容成 250mL 溶液。用 25mL 移液管准确移取此溶液三份,分别置于三支已编号的 250mL 锥形瓶中,各滴加酚酞指示剂 2滴,分别用待标定的 NaOH 标准溶液滴定至溶液呈浅红色,在 30s 内不褪色即为终点,记录消耗 NaOH 溶液的体积。

【实验记录及数据处理】

1. 计算公式:按下式计算 NaOH 标准滴定液的浓度:

$$C_{NaOH} = \frac{C_{邻苯二甲酸氢钾}}{V_{NaOH}} \times 25 = \frac{\dfrac{m_{邻苯二甲酸氢钾} \times 1000}{M_{邻苯二甲酸氢钾} \times 250}}{V_{NaOH}} \times 25$$

($M_{邻苯二甲酸氢钾} = 204.22$;V_{NaOH}—mL; $m_{邻苯二甲酸氢钾}$—g; C_{NaOH}—mol/L)

2. 实验数据记录及数据处理结果：

滴定次	1	2	3
$m_{邻苯二甲酸氢钾}/g$			
NaOH 溶液初读数/ mL			
NaOH 溶液终读数/ mL			
$V_{NaOH}/$ mL			
$C_{NaOH}/$（mol/L）			
$\overline{C}_{NaOH}/$（mol/L）			

【实验后反思】

1. 溶解基准物质时加入 20～30mL 水，是用量筒量取，还是用移液管移取？为什么？

2. 如果基准物未烘干，将使标准溶液浓度的标定结果偏高还是偏低？

3. 该实验操作步骤中，配制标准 NaOH 溶液时，用台秤称取固体 NaOH 是否影响浓度的准确度？

4. 标定时用邻苯二甲酸氢钾比用草酸有什么好处？

主题实验七 草酸含量测定

【实验目的】

1. 学习了解酸碱滴定的基本原理；

2. 掌握酸碱中和滴定的基本操作。

【实验原理】

$H_2C_2O_4$ 为有机弱酸，可以和 NaOH 发生如下反应：

$$H_2C_2O_4 + 2NaOH \Longrightarrow Na_2C_2O_4 + 2H_2O$$

用本组主题实验六标定过的 NaOH 溶液作为标准溶液去滴定草酸溶液，滴定产物为强碱弱酸盐，由于弱酸根与水中氢离子结合，使滴定终点在碱性范围内，故选用酚酞做指示剂，滴定溶液由无色变为浅红色即为滴定终点。可以根据上述反应式中两反应物的摩尔比以及 NaOH 标准溶液的浓度和消耗的体积，计算出草酸的质量。

【仪器和药品】

电子天平（0.0001g）、碱式滴定管、移液管（20mL）、容量瓶（250mL）、锥形瓶、小烧杯、滴定台、洗瓶、玻璃棒、吸耳球；0.1molNaOH标准溶液（具体数据为上次实验六标定NaOH标准溶液的准确浓度）、草酸（含二个结晶水）试样、酚酞指示剂。

【滴定操作步骤】

1. 草酸溶液的配制：先用称量瓶在电子台秤上称取1.3—1.9g含二个结晶水的草酸式样，然后在光电电子天平上进行准确称取（精确至0.0001g），将试样置于小烧杯中，加入20mL蒸馏水溶解，然后定量地转入250mL容量瓶中，用蒸馏水稀释至刻度定容，摇匀。

2. 用移液管准确量取25mL草酸试样溶液于250mL锥形瓶中，加入酚酞试剂1—2滴，用0.1molNaOH标准溶液滴定至溶液显微红色，半分钟内不褪色即为终点。

3. 重复上述操作3次，每次均准确记录所消耗标准溶液的体积数（读取时要精确到0.01mL）。

【数据处理】

1. 根据记录的实验数据，按照下述公式计算草酸的质量：

$$W_{草酸} = \frac{C_{碱} \times V_{碱}}{2V_{草酸}} \times 90.04$$

上式中，$V_{碱}$、$V_{草酸}$单位为mL，$C_{碱}$单位为mol/L，$W_{草酸}$单位为g，草酸的分子量为90.04。

2. 根据称取的草酸的量和实验测定的草酸的量，计算草酸试样的百分比含量：

$$W\% = \frac{W_{草酸(实验)}}{W_{草酸(称取)}} \times 100\%$$

【实验后思考】

1. 使用容量瓶时为什么首先要检查是否漏水？如何检查？

2. 在滴定分析中，滴定管、移液管为什么需要用滴定溶液润洗几次，而锥形瓶却不能用滴定液润洗？

主题实验八 分子间的作用力及"火山爆发"实验二例

一、分子间的作用力实验——醇水混合体系的盐析分相

【背景资料】

物质趋于溶解在与其分子间力相似的溶剂之中。也就是说,极性物质容易溶解在极性溶剂里,不容易溶解在非极性溶剂里;而非极性物质容易溶解在非极性溶剂里,而不容易溶解在极性溶剂里,这就是所说的"相似相溶原理"。正如我们所熟悉的极性物质氯化钠极易溶解在水中,而不易溶解在非极性的苯中;非极性的四氯化碳溶液易溶解在非极性的苯中,而不易溶解在极性的水中,就是这个道理。

在溶液中,各种微粒之间均存在有相互作用力,但不同微粒其作用力是不相同的。溶液中氢键的形成对溶质和溶剂分子间相互作用和影响是明显的,如乙醇和水都是极性物质,所以它们可以任何比例互溶;但离子化合物如硫酸铵溶于水时,极性水分子要与盐的阳离子和阴离子相互发生水合作用,这个作用力是很强的,它远大于溶液中形成的氢键力,以致使每一个分子的盐周围都要结合一固定数目的水分子,这样的化合物称为水合物。

【实验原理】

本实验通过盐析使有机相从水相中分离出来。在有机溶剂和水的互溶混合溶液中,有机分子与水分子存在微弱的相互作用(如氢键、范德华力等分子间作用力),这类分子间的力可以被电解质的水合作用破坏,从而使得溶液由单相变为二相,有机溶剂与水相互分离。水和乙醇之间可以形成氢键,因而可以任意比例互溶。如果加入硫酸铵(或其他适当盐类),就会破坏它们之间的氢键,使溶液分为二相,其中一相为富含乙醇的有机相,另一相为含硫酸铵的富水相。借助甲基橙在乙醇中溶解度较大,可以指示明显的分层现象。

【药品和仪器】

无水乙醇、自来水、硫酸铵固体、甲基橙溶液;大试管(带塞)、量筒、电子秤等。

【实验步骤及现象】

1. 在一支大试管中加入 10mL 乙醇、13mL 水和几滴甲基橙,胶塞塞紧后摇匀,得均匀的橙黄色溶液。

2.然后向大试管中加入5g硫酸铵固体(注:硫酸铵固体量不足时,难以观察到分层现象),塞紧,然后用力摇匀,静置片刻,可观察到溶液明显分为二相,上层为橙黄色的有机相,下层为无色的水相(硫酸铵的饱和溶液)。

注:本实验中甲基橙作为一种指示剂,它与整个盐析过程无关,只是为了便于观察,使整个溶液有明显的颜色变化。

【实验后反思】

在"分子间的作用力"实验中,所用的甲基橙会转移存在于不同的液体相中,为什么会发生这样的变化?

二、"火山爆发"兴趣实验

【反应原理】

在这个实验中涉及以下三个反应:

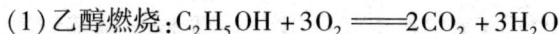

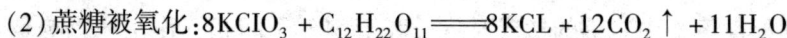

(1)乙醇燃烧:$C_2H_5OH + 3O_2 \xrightarrow{\quad\quad} 2CO_2 + 3H_2O$

(2)蔗糖被氧化:$8KClO_3 + C_{12}H_{22}O_{11} \xrightarrow{\quad\quad} 8KCL + 12CO_2\uparrow + 11H_2O$

(3)蔗糖脱水:$C + 2H_2SO_4 \xrightarrow{\quad\quad} CO_2 + 2SO_2 + 2H_2O$

而这三个反应均为放热反应,所放出的热量可引发其他反应的继续发生。

【试剂和仪器】

氯酸钾、蔗糖、酒精、浓硫酸;研钵、滴管、火柴等;

【实验步骤】

1.将2g氯酸钾和10g蔗糖放入研钵中研细,研均匀(两固体一定要研细混合均匀,所得结果才会良好)。将所得混合物放置于表面皿中,并堆成蛋糕状。

2.用滴管滴加酒精(或几滴浓硫酸)于整个混合物上,滴加呈现湿湿的状态,但也不可过湿。

3.于混合物上点火,观察所发生反应现象的变化。

【注意事项】

实验时要小心,点燃时要注意安全,并放置于室外进行反应,以免污染室内空气;玻璃不要沾上水,以免反应时会发生破裂。

主题实验九　硫酸铜晶体中结晶水含量的测定

【背景资料】

硫酸铜结晶水含量的测定是一个集中了高中化学实验中准确称量、加热、搅拌以及计算于一体的一个很重要和经典的定量化学实验。硫酸铜之所以能含有结晶水，是因为硫酸铜里的 Cu^{2+} 有空轨道，每个 Cu^{2+} 可以跟四个水分子结合形成配位键，这就是我们所熟悉的水合铜离子 $[Cu(H_2O)_4]^{2+}$。另外，每个铜离子还可以与一个水分子里的 H 原子形成氢键，但硫酸铜晶体我们习惯上写为 $CuSO_4 \cdot 5H_2O$。所以，这五个水分子由于与硫酸铜的结合方式是有所不同的，其与硫酸铜结合的牢固程度也不相同，因此失去结晶水所需要的能量和温度也是不一样的。水合硫酸铜在不同温度下逐步脱水的过程如下：

$$CuSO_4 \cdot 5H_2O \xrightarrow[-2H_2O]{102℃} CuSO_4 \cdot 3H_2O \xrightarrow[-2H_2O]{113℃} CuSO_4 \cdot H_2O \xrightarrow[-H_2O]{250℃} CuSO_4$$
蓝色　　　　　　　　　　　　　　　　　　　　　　　　　　　　　白色

【实验目的】

1. 学习测定晶体中结晶水含量的方法。

2. 练习坩埚的使用方法，初步学会研磨操作。

【实验原理】

硫酸铜晶体是一种比较稳定的结晶水合物，当加热到 250℃ 左右时将全部失去结晶水，根据加热前后的质量差，可计算出其晶体的结晶水含量。

【实验用品】

电子天平、研钵、玻璃棒、铁架台、泥三角、瓷坩埚、坩埚钳、干燥器、酒精灯、药匙；硫酸铜晶体。

【实验步骤及记录】

实验内容及步骤	现象、方程式、数据记录及计算
1. 研磨：在称量纸上称取大约 5g 硫酸铜晶体在研钵中研碎。	
2. 称量：准确称量一干燥洁净的瓷坩埚质量，把研磨后的硫酸铜晶体倒入瓷坩埚中，再一并称取坩埚和研细的硫酸铜晶体的总质量。	坩埚的质量 $a =$ _____ 坩埚和硫酸铜总质量 $m_1 =$ _____

续表

实验内容及步骤	现象、方程式、数据记录及计算
3.加热:将盛有硫酸铜晶体的坩埚放在泥三角上,用酒精灯缓慢加热,同时用玻璃棒轻轻搅拌硫酸铜晶体,至蓝色晶体全部变为白色粉末,且不在有水蒸气逸出。然后将坩埚放入干燥器中冷却。	_____色的硫酸铜晶体逐渐变为_____色_____,并看不到水蒸气。 化学方程式: _____
4.称量:待坩埚在干燥器中冷却后,将坩埚放在天平上准确称量,记下坩埚和无水硫酸铜的总质量(m_0)	坩埚和无水硫酸铜总质量 $m_0 =$ _____
5.计算:根据实验数据计算硫酸铜晶体中结晶水的质量分数 w(结晶水)和化学式中 x 的实验值。 $W(结晶水) = \dfrac{m(结晶水)}{m(晶体)} = \dfrac{18x}{160 + 18x}$ 或 $\dfrac{m(CuSO_4)}{160} : \dfrac{m(H_2O)}{18} = 1 : x$	$m(结晶水) = m_1 - m_0$ 结晶水的质量分数为: 化学式中的 x 的实验值:

6.实验结果分析:根据硫酸铜晶体的化学式计算结晶水的质量分数。将实验测定的结果与根据化学式计算的结果进行对比,并计算实验误差。

【实验后思考】

1.硫酸铜晶体通过加热后,为什么要在干燥器中冷却后才能进行称量?

2.有一同学将 5.012g $CuSO_4 \cdot 5H_2O$ 加热一段时间,待晶体变为白色后,停止加热,并将所得白色粉末放在干燥器中冷却,称量的质量为 3.201g。计算每摩尔该晶体含有的结晶水数。

3.试根据你本实验测定的 x 值,分析产生误差的原因。

主题实验十 电解饱和食盐水实验

【实验背景】

工业上用电解饱和 NaCl 溶液的方法来制取 NaOH、Cl_2 和 H_2,并以它们为原料生产一系列化工产品,称为氯碱工业。氯碱工业是最基本的化学工业之一,它的产品除应用于化学工业本身外,还广泛应用于轻工业、纺织工业、冶金工业、石油化学工业以及公用事业。我国最早的氯碱工厂是 1930 年投产的上海天原电化厂(现上海天原化工厂),日产烧碱2t。从20世纪末开始,我国的氯碱工业在产量、质量、品种、生产技术等方面都得到很大发展。近五年来我国烧碱产业发展迅猛,2014年我国烧碱(折纯)产量达3180.20万吨,烧碱产能和产量均居世界第一。

【实验目的】

1. 学习并掌握电解饱和食盐水的原理和方法。

2. 掌握电解饱和食盐水实验的操作技术。

【反应原理】

1. 饱和食盐水中的离子有 Na^+、Cl^-、H^+、OH^-,按照放电顺序,阳离子应该是 H^+ 先放电,被还原为 H_2;阴离子应该是 Cl^- 先放电,被氧化为 Cl_2。电池总反应:

$$2NaCl + 2H_2O \longrightarrow 2NaOH + Cl_2\uparrow + H_2\uparrow$$

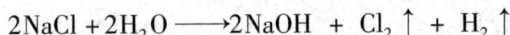

2. 由于 H_2 密度比空气小,可用向上排空气法收集,并用爆鸣法验证;生成的 NaOH 溶液可用滴入酚酞溶液检验;Cl_2 为黄绿色气体,有刺鼻性气味,有毒,且由于 $2I^- + Cl_2 = 2Cl^- + I_2$,遇淀粉后,显蓝色,则可用湿润的淀粉碘化钾试纸检验,检验结果为湿润的淀粉碘化钾试纸变蓝。Cl_2 为污染性酸性气体,用 NaOH 吸收尾气,防止污染环境。仪器装置如下图。

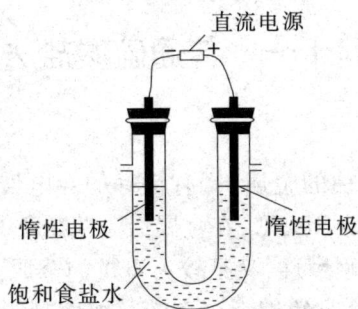

【药品和仪器】

精制饱和食盐水、淀粉碘化钾试纸、酚酞试液等;具支 U 型管、玻璃棒、铁架台、碳棒、导线、直流电源、试管、酒精灯、橡胶管等。

【操作步骤】

向具支 U 形管中加入饱和 NaCl 溶液至支管口以下约 1—2cm 处,并从两管口各滴加 1—2 滴酚酞试液,插上石墨电极,接通低压直流电源,观察实验现象。

	检验方法	实验现象	实验结论
阳极			
阴极			
阴极附近			
电解方程式			

【注意事项】

1. 电解用饱和 NaCl 溶液在使用前一定要精制,这样可除去其中的钙、镁离子,以避免在阴极附近出现白色混浊现象。

2. 电解 NaCl 过程中,在滴入酚酞的溶液表面有时会出现一层白色胶体,这是由于酚酞在水溶液中溶解度变小之故。

【实验后思考】

1. 为什么一定要用精制的饱和食盐水进行电解?分析其原因。

2. 如果用铁电极作阳极,碳棒做阴极进行电解,会出现什么现象?为什么?

主题实验十一　普通硫酸盐法电镀铜

【实验背景】

铜是红色富有延展性的金属,具有良好的导电性和导热性。原子量为 63.5,比重为 8.9,熔点为 1088℃,在金属活泼性顺序中位于相对不活泼的金属。由于铜具有较好的耐磨性,又是较为贵重的金属,通常人们用镀铜的钢铁部件来代替铜零件,以节约铜金属资源。镀铜种类很多,工艺成熟,如传统的普通硫酸盐镀铜在工业上应用已经有了 170 多年的历史,氰化镀铜也已经有一百多年的历史。本实验应用硫酸盐镀铜进行电镀。

【实验目的】

1. 理解电镀的基本原理;

2. 了解电镀的装置和仪器设备;

3. 了解镀件表面电镀铜的一般工艺及电镀操作。

【实验原理】

在电镀时,将待镀的工件作为阴极,用作镀层的金属作为阳极,两极置于欲镀金属的盐溶液(即电镀液或电解液)中。在适当的电压下,阳极上发生氧化反应,金属失去电子而成为阳离子进入溶液中,即阳极溶解(若为不溶性阳极,则一般是溶液中的 OH^- 失去电子放出 O_2);阴极发生还原反应,金属阳离子在阴极镀件上获得电子析出,沉积成金属镀层。其反应式为:

阴极 $Cu^{2+} + 2e^- = Cu$

阳极 $Cu - 2e^- = Cu^{2+}$

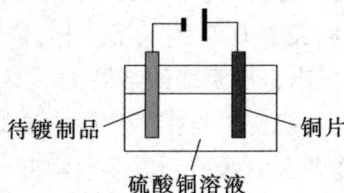

待镀制品　　　　　铜片

硫酸铜溶液

【镀液配方成分及实验规范】

硫酸铜(含5个结晶水):180—200g/L;

硫　　酸:35—50g/L;

明　　胶:0.1—0.2g/L;

温　　度:15—35℃;

阴极电流密度:1—1.5A/dm^2。

【实验操作步骤】

1. 镀件预处理:用砂纸打磨镀件(如铁片)的正反面,直到表面绣层及毛刺均除尽,然后用自来水及蒸馏水将镀件洗干净。

2. 将镀件放在热的碱液中浸泡除油。放在氢氧化钠热溶液中浸泡一会儿后取出,分别用自来水及蒸馏水冲洗干净,表面水分吸干晾干后等待电镀。

3. 将按一定配方配制好的电镀液倒入适量于电镀槽中,将镀件及铜片分别作为阴极和阳极平行地放入镀液中,两电极相距2cm左右,两电极约2/3面积浸入镀液中,接通直流电源,进行电镀数分钟,观察两电极反应现象。

4. 电镀结束后,将镀件及铜片电极取出,用自来水及蒸馏水冲洗干净后,观察两电极表面变化情况及镀件镀层的质量。

【实验后思考】

1. 为什么镀件在电镀前均要对镀件表面进行除油和除锈的预处理?

2. 该实验在电镀过程中,镀液中铜离子的浓度会很快降低吗?为什么?

实验实验十二　"清水"九变色等趣味实验二例

一、"清水"九变颜色

【实验背景】

现桌上放着九只各盛一定量"清水"的无色玻璃杯。一位神秘的化学魔术师将第一杯倒入第二杯,第二杯又倒入第三杯,依次倒入直至第九杯,倒入的同时,他可以准确地报出每次魔变的结果:

清水变牛奶:①→②;牛奶变白酒:②→③;白酒变菠萝汁:③→④;菠萝汁变墨汁:④→⑤;墨汁变茅台酒:⑤→⑥;茅台酒变红墨水:⑥→⑦;红墨水变蒸馏水:⑦→⑧;蒸馏水变啤酒:⑧→⑨;对于以上变化你能根据下列提供的药品以及应用所学的酸、碱、盐的性质和综合电离平衡、难溶物质的溶解平衡等化学知识,揭开"清水"九变之谜吗?

【实验原理】

实验涉及的主要离子反应式及化学反应式:

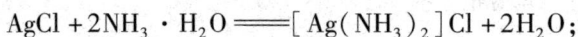

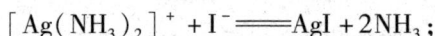

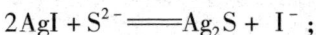

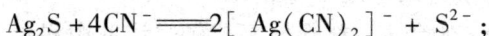

$NaCl + AgNO_3 \stackrel{}{=\!=\!=} AgCl\downarrow + NaNO_3$;

$AgCl + 2NH_3 \cdot H_2O \stackrel{}{=\!=\!=} [Ag(NH_3)_2]Cl + 2H_2O$;

$[Ag(NH_3)_2]^+ + I^- \stackrel{}{=\!=\!=} AgI + 2NH_3$;

$2AgI + S^{2-} \stackrel{}{=\!=\!=} Ag_2S + I^-$;

$Ag_2S + 4CN^- \stackrel{}{=\!=\!=} 2[Ag(CN)_2]^- + S^{2-}$;

$H^+ + OH^- \stackrel{}{=\!=\!=} H_2O$;

$2H^+ + CO_3^{2-} \stackrel{}{=\!=\!=} CO_2\uparrow + H_2O$;

S^{2-}的溶液显碱性,遇酚酞溶液变红色。

【提供的药品】

九杯"清水"在下列溶液中选择,氨水、硝酸银溶液、氰化钾溶液、碳酸钠溶液、碘化钾溶液、硫化钠溶液、酚酞溶液、稀盐酸、氯化钠溶液。

【实验要求】

1. 九杯所盛装溶液依次分别是什么?

2. 依次写出①→②至⑧→⑨各变化的主要化学或离子方程式。

注:该实验用 KCN 属实验室限制使用的剧毒物质,涉及该实验药品为管控药品。根据学校实验室情况,实验时可取消该实验及实验步骤;也可以在老师的监督下使用该药品实验,但实验废液必须单独回收并由老师进行无

害化处理。

二、滴水起火和吹气生火

【实验原理】

过氧化钠遇水或二氧化碳都会发生反应,并生成氧气和大量的热量,化学反应式为:

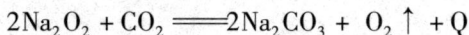

$$2Na_2O_2 + 2H_2O \xrightarrow{\hspace{1cm}} 4NaOH + O_2\uparrow + Q$$

$$2Na_2O_2 + CO_2 \xrightarrow{\hspace{1cm}} 2Na_2CO_3 + O_2\uparrow + Q$$

棉花、木屑等遇到氧气和受热就会燃烧。

【药品和仪器】

过氧化钠固体、蒸馏水;棉花、吸管、药勺、石棉网。

【操作步骤】

取一团棉花平铺放在石棉网上,取二药勺 Na_2O_2 放在棉花上,然后用一薄层棉花盖在 Na_2O_2 上面,可采取以下三种方法:①用滴管往 Na_2O_2 上面滴少许水;②用吹管往 Na_2O_2 上面吹气;③往 Na_2O_2 上面边滴少许水边吹气,然后离开,片刻,混合物和棉花起火燃烧。

【注意事项】

1. 本实验的关键是 Na_2O_2 药品要纯净(Na_2O_2 易吸收空气中的水分等而变质,影响实验效果),棉花要干燥。

2. Na_2O_2 药品是强氧化剂,遇水而变为强碱氢氧化钠,所以取药品时一定要小心,不要将药品洒到外面。

实验实验十三　二氧化碳相对分子质量的测定

【实验背景】

气体密度法测定二氧化碳气体相对分子质量是无机化学中一个较为普遍的实验。通过本实验的测定,不仅可以了解用相对密度法测定分子量的原理和方法,还可以了解和掌握许多化学实验的基本操作,如启普发生器的使用、天平的称量、气体的洗涤及干燥等,还涉及误差理论的概念。所以,该实验是一个比较好的综合性实验。

【实验目的】

1. 学习气体相对密度法测定气体相对分子质量的原理和方法,加深理解理想气体状态方程式和阿伏伽德罗定律;

2. 学习分析天平的使用;

3. 掌握启普发生器的构造、原理和使用方法,熟悉洗涤、干燥气体的装置。

【实验原理】

根据阿伏伽德罗定律:同 T、P,同 V 的气体物质的量相等,理想气体状态方程式:$PV = nRT = mRT/M$。对同 T、P,同 V 的空气(air)和二氧化碳(CO_2)有以下关系:

$$\frac{m_{air}}{M_{air}} = \frac{M_{CO_2}}{M_{CO_2}}$$

式中,m,M 分别为空气(二氧化碳)的质量和相对分子质量。则:$M_{CO_2} =$

$$\frac{m_{CO_2}}{M_{air}} \times M_{air} = \frac{m_{CO_2}}{m_{air}} \times 29.0$$

所需实验药品和仪器:电子台秤、电子分析天平、启普发生器、洗气瓶、锥形瓶、温度计、气压计、干燥管、玻璃棒、玻璃导管、橡皮塞、棉花;石灰石、无水 $CaCl_2$、6mol·L^{-1}HCl、饱和 $NaHCO_3$ 溶液、浓硫酸。

【操作步骤】

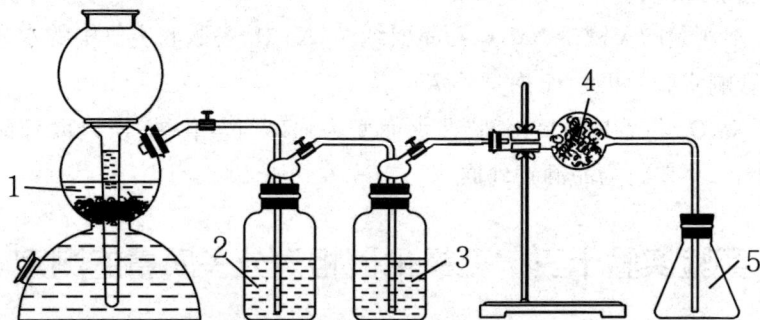

图 1　二氧化碳的发生和净化装置

1—大理石 + 稀盐酸;2—饱和 $NaHCO_3$;3—浓 H_2SO_4;
4—无水 $CaCl_2$;5—锥形瓶

1. 按图 1 组装好制取 CO_2 的装置,检查气密性;

2. 称量(空气质量):锥形瓶 + 橡皮塞 + 空气(用笔在橡皮塞上做记号)的质量,先在台秤粗称,后在分析天平准确称量(称准至 0.1 mg),记为 m_1;

3. 制备 CO_2 气体并收集。从启普发生器产生的二氧化碳气体,通过饱和 $NaHCO_3$ 溶液、浓硫酸、无水氯化钙,经过净化和干燥后,导入锥形瓶内。因为二氧化碳气体的相对密度大于空气,所以必须把导气管插入瓶底,才能把瓶内的空气赶尽。2~3分钟后,用燃着的火柴在瓶口检查 CO_2 已充满后,再慢慢取出导气管用塞子塞住瓶口(应注意塞子是否在原来塞入瓶口的位置上)。

4. 称量(CO_2 质量):在电子分析天平上准确称出(二氧化碳气体+瓶+塞子)的质量,重复通入二氧化碳气体和称量的操作,直到前后两次(二氧化碳气体+瓶+塞子)的质量相符为止(两次质量相差不超过1~2mg)。这样做是为了保证瓶内的空气已完全被排出并充满了二氧化碳气体,取重复两次的平均值,记为 m_2。

5. 称量(装满水质量):锥形瓶+橡皮塞+H_2O 的质量,台秤粗称(称准至0.1 g),记为 m_3。

【数据记录与处理】

室温 T = ? K; 气压 P = ? Pa

m_1(空气+瓶+塞子) = ? g

第一次称 m_2(CO_2+瓶+塞子) = ? g

第二次称 m_2(CO_2+瓶+塞子) = ? g

平均 m_2 = ? g

　　m_3(H_2O+瓶+塞) = ? g

瓶子体积 $V = m_3 - m_1 / 1.00$ = ? mL = ? m^3

(这一步为近似计算,忽略了空气质量.)

瓶内空气的质量

$$m_{air} = \frac{MPU}{RT} = \quad ? \text{ g}$$

(瓶+塞)$m_4 = m_1 - m_{air}$ = ? g

$m_{CO_2} = m_2 - m_4$ = ? g

$$M_{CO_2} = \frac{m_{CO_2}}{m_{空气}} \times 29.0 = ?$$

【课后反思】

1. 为什么二氧化碳气体、瓶、塞的总质量要在分析天平上称量,而水+瓶+塞的质量可在台秤上称量?两者的要求有何不同?

2. 哪些物质可用此法测定相对分子质量?哪些不可以?为什么?

主题实验十四　利用废铝易拉罐制备明矾

【实验背景】

随着人们生活水平的不断提高,铝制品量不断增大,同时使用后产生的铝制品废料也在增大。据测算,我国2014年和2015年铝制易拉罐总需求量分别是89.57亿只和98.49亿只,消耗铝材13.66万吨和14.91万吨。因此利用铝的性质研究并实现铝制易拉罐的回收,既减少了废物,防止污染环境,又可以制备获得我们所需要的其他有用的物质,废物得到综合利用,实现环境效益、经济效益和社会效益的统一。明矾,无色透明块状结晶或结晶性粉末,易溶于水,不溶于乙醇,其水溶液呈酸性。过去民间经常采用明矾净水的方法,它的原理是利用明矾在水中可以电离出铝离子,铝离子容易水解,生成氢氧化铝胶体,氢氧化铝胶体吸附能力很强,可以吸附水里悬浮的杂质,并形成沉淀,使水澄清,因此是一种较好的净水剂。

【实验目的】

1. 了解废弃物利用的意义及其经济价值。

2. 了解用废铝罐制备明矾的实验原理。

3. 练习称量、溶解、过滤、结晶、干燥等基本操作,了解冰水浴的使用。

【实验原理】

铝屑溶于浓氢氧化钾溶液,可生成可溶性的四羟基合铝(Ⅲ)酸钾 $K[Al(OH)_4]$;用稀硫酸调节溶液的 pH 值,将其转化为氢氧化铝沉淀;使氢氧化铝沉淀继续溶于硫酸,得到无色溶液,溶液浓缩后经冷却有晶体复盐析出,此复盐称为明矾 $[KAl(SO_4)_2 \cdot 12H_2O]$。制备中的化学反应如下:

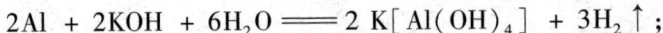

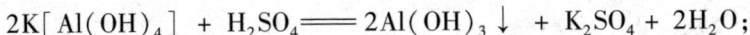

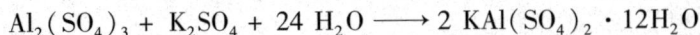

$$2Al + 2KOH + 6H_2O \Longrightarrow 2K[Al(OH)_4] + 3H_2\uparrow;$$

$$2K[Al(OH)_4] + H_2SO_4 \Longrightarrow 2Al(OH)_3\downarrow + K_2SO_4 + 2H_2O;$$

$$2Al(OH)_3 + 3H_2SO_4 \Longrightarrow Al_2(SO_4)_3 + 6H_2O;$$

$$Al_2(SO_4)_3 + K_2SO_4 + 24H_2O \longrightarrow 2KAl(SO_4)_2 \cdot 12H_2O$$

【药品和仪器】

废旧铝制易拉罐、KOH(1mol/L)、H_2SO_4(6mol/L)、蒸馏水;烧杯、玻璃棒、电子台秤、漏斗、滤纸、火柴、酒精灯、三脚架、石棉网、冰块、滴管等。

【实验步骤及现象】

1. 用电子天平准确称取质量为 1.00g 左右的剪碎的铝易拉罐,并记录;

2. 量取 1mol/L 的 KOH 溶液 60mL 于 250mL 烧杯中,将称量过的铝易拉罐放入烧杯中,铝会与 KOH 溶液反应,产生气泡速度逐渐加快。

3. 用酒精灯加热烧杯,使铝箔逐渐溶解,表面产生大量气泡,最终全部溶解。

4. 略冷却后,用滤纸漏斗过滤溶液,滤去溶液中的不溶物,得到无色清液。

5. 将滤液转移至 150mL 的新烧杯中,并取 25mL 的 6mol/L H_2SO_4 溶液在搅拌下缓慢加入烧杯中。刚加入硫酸时,烧杯中逐渐生成白色沉淀;后随着硫酸继续加入,少量沉淀溶解,但杯底仍有较多白色沉淀。

6. 用酒精灯加热烧杯,使白色沉淀全部溶解;加热溶液至沸腾蒸发,待溶液剩余大约 60mL 时停止加热。

7. 将上述试液先置于凉水中冷却,然后再将试液置于冰水浴中冷却。随着试液温度降低,逐渐产生白色浑浊,用玻璃棒搅拌后,产生较多的白色沉淀。

8. 将装有试液的烧杯从冰水浴中取出,迅速倒入漏斗中过滤溶液,在滤纸上得到较多白色粉末状物质。

9. 向白色不溶物上滴少量的蒸馏水洗涤,再次过滤,重复 2 次;再向不溶物上滴少量无水乙醇洗涤,干燥。

10. 将已经洗净并且烘干的表面皿放在电子天平上,称量空的表面皿的质量。

11. 将漏斗内晾干的固体转移到表面皿上,并且用药匙轻敲滤纸,使粘在滤纸上的固体震落到表面皿上。然后用电子天平称量此时表面皿和固体的总质量克数。

【实验数据】

计算明矾的产率。

铝的质量:? g

理论生成明矾的质量(若准确为1g,并按纯铝计算):

$$\frac{1.00g \times 474}{27} = 17.56g$$

实际生成明矾的质量:? g

$$产率 = \frac{实际生成明矾的质量(g)}{17.56g} \times 100\% = ?\%$$

【实验后思考】

1.铝片需要剪碎和 NaOH 溶液反应,为什么? 预测一下铝片的大小和反应速度有怎样的关系。

2.用乙醇淋洗固体的目的是什么? 不淋洗会怎样呢?

3.根据下图的溶解度曲线,分析说明析出的固体全是明矾吗? 还可能是什么物质? 如果要得到纯度高的明矾固体,还得怎样的操作呢? (溶解度曲线,注意 0℃ = 273K)

$KAl(SO_4)_2 \cdot 12H_2O$、$Al_2(SO_4)_3$ 和 K_2SO_4 的溶解度曲线

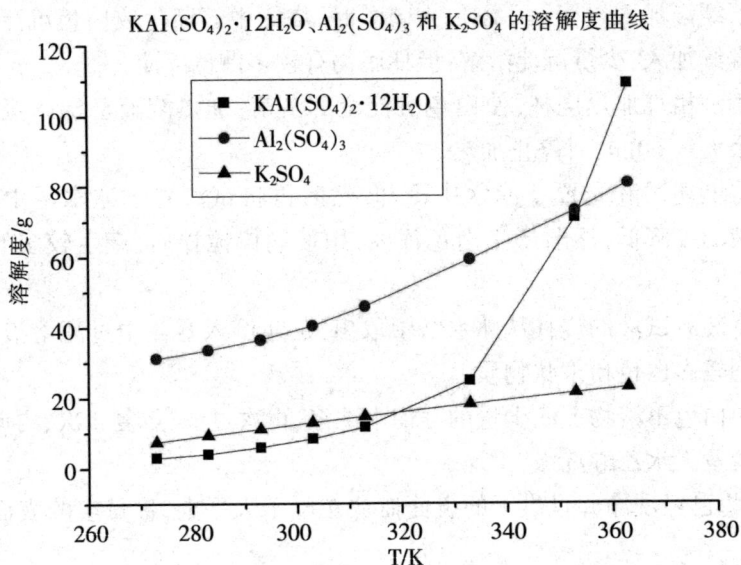

第 二 单 元

学生自选开放
实验部分(节选)

探究性化学实验类

单分子膜法测定阿伏伽德罗常数

【实验原理】

硬脂酸能在水面上扩散而形成单分子层,由滴入硬脂酸刚好形成单分子膜的质量 m 及单分子膜面积 s,每个硬脂酸的截面积 A,求出每个硬脂酸分子质量 m,再由硬脂酸分子的摩尔质量 M,即可求得阿伏伽德罗常数 N。

【实验药品和仪器】

胶头滴管、量筒(10 mL)、圆形水槽(直径 30 cm)、直尺;硬脂酸、苯。

【实验步骤】

1.称取硬脂酸的质量为 mg,加适量苯溶解,配成硬脂酸的苯溶液的体积为 VmL,那么每毫升硬脂酸的苯溶液中含硬脂酸的质量为 $m/V(g/mL)$;

2.测定从胶头滴管滴出的每滴硬脂酸的苯溶液的体积:取一尖嘴拉得较细的胶头滴管,吸入硬脂酸的苯溶液,往小量筒中滴入 1mL,然后记下它的滴数,并计算出 1 滴硬脂酸苯溶液的体积 V_1;

3.测定水槽中水的表面积:用直尺从三个不同方位准确量出水槽的内径,取其平均值,计算出水的面积 S;

4.硬脂酸单分子膜的形成:用胶头滴管(如滴管外有溶液,用滤纸擦去)吸取硬脂酸的苯溶液在距水面约 5cm 处,垂直往水面上滴一滴,待苯全部挥发,硬脂酸全部扩散至看不到油珠时,再滴第二滴。如此逐滴滴下,直到滴下一滴后,硬脂酸溶液不再扩散,而呈透镜状为止,记下所滴硬脂酸溶液的滴数 d。

5.把水槽中水倒掉,用清水将水槽洗刷干净后,注入半槽水,重复以上操作两次。重复操作时,先将滴管内剩余的溶液挤净,吸取新鲜溶液,以免由于滴管口的苯挥发引起溶液浓度的变化。取三次结果的平均值。

6. 计算：

(1)如称取硬脂酸的质量为 m，配成硬脂酸的苯溶液的体积为 V，那么每毫升硬脂酸的苯溶液中含硬脂酸的质量为 m/V。

(2)计算形成单分子膜需用硬脂酸的质量 $M_{总}$：由于每滴硬脂酸苯溶液的体积为 V_1，形成单分子膜滴入硬脂酸溶液的滴数为 $(d-1)$（注：因为当最后一滴硬脂酸溶液滴下后，这滴溶液在水面呈透镜状，说明这滴溶液没有扩散，即没有参与单分子膜的形成。这时单分子膜已经形成完毕，应停止滴入溶液，所以，在计算形成单分子膜所需硬脂酸溶液的滴数时，应将最后一滴减掉，即滴数计为 $d-1$）。那么形成单分子膜需用硬脂酸的质量为：$M_{总}=(d-1)V_1 \cdot \dfrac{m}{v}(\text{g})$；

(3)计算水面形成的硬脂酸的分子个数 n：由于水槽中水的表面积 S，已知每个硬脂酸分子的截面积 $A=2.2\times10^{-15}\text{cm}^2$，因此在水面形成的硬脂酸的分子个数为：$n=\dfrac{S}{A}$；

(4)计算出每个硬脂酸分子的质量：根据（2）和（3）的结果，可计算出每个硬脂酸分子的质量为：$m_{单个}=\dfrac{M_{总}}{n}$

(5)计算阿伏伽德罗常数 N 值：1mol 硬脂酸的质量等于284g（即 $M=284\text{g/mol}$），所以 1mol 硬脂酸中含有硬脂酸的分子个数，即阿伏伽德罗常数 N 为：$N=\dfrac{284\text{g}}{m_{单个}}$。

铁磁流体的制备

铁磁流体又称磁性液体或磁液，是一种新型的功能材料。它既具有液体的流动性又具有固体磁性材料的磁性，是由直径为纳米量级（10 纳米以下）的磁性固体颗粒、基载液（也叫媒体）以及界面活性剂三者混合而成的一种稳定的胶状液体。该流体在静态时无磁性吸引力，当外加磁场作用时，才表现出磁性。正因如此，它才在实际中有着广泛的应用。一般常用的有 Fe_3O_3、Ni 等作为磁性颗粒，以水、有机溶剂和油等作为基液，以油酸作为活性剂。

【实验目的】

掌握利用化学共沉淀法制备纳米四氧化三铁磁流体；自行设计提纯及净化磁流体材料。

【实验原理】

本实验中使用分析纯的氯化亚铁、三氯化铁和氨水(NH_3 含量 25%)，按照化学共沉淀法制备 Fe_3O_4 的磁性颗粒。将二价铁盐($FeCl_2 \cdot 7H_2O$)和三价铁盐($FeCl_3 \cdot 6H_2O$)按一定比例混合，加入沉淀剂浓氨水，搅拌，反应一段时间即得到纳米 Fe_3O_4 粒子，反应式为：

$$Fe^{2+} + 2Fe^{3+} + 8NH_3 \cdot H_2O = Fe_3O_4\downarrow + 8NH_4^+ + 4H_2O$$

由反应式可看出，反应的理论摩尔比为 $Fe^{2+} : Fe^{3+} = 1:2$，但由于二价铁离子容易氧化成三价铁离子，所以实际反应中二价铁离子应适当过量。

【试剂及仪器】

氨水、$FeCl_3 \cdot 6H_2O$、$FeCl_2 \cdot 7H_2O$、油酸、煤油、蒸馏水；烧杯、电动搅拌器。

【操作步骤】

该铁磁性流体制备基液采用普通煤油，表面活化剂选择油酸。实验整个工艺流程分为溶解、过滤、反应、加热、分离等几个阶段，最后得到乌黑发亮的 Fe_3O_4 煤油基磁性流体。具体以下步骤：

1. 按 $Fe^{2+} : Fe^{3+} = 1:2$ 或更多物质的量之比称取适量 $FeCl_2 \cdot 7H_2O$ 蓝绿色晶体和 $FeCl_3 \cdot 6H_2O$ 棕黄色晶体，溶解于水，放于烧杯中，用玻璃棒搅拌使其溶解，配制成混合溶液。为了加快溶解速度，可将盛溶液的烧杯置于热水浴锅中，待充分溶解后再置于冷水中冷却。

2. 过滤：将冷却后的 $FeCl_2$ 和 $FeCl_3$ 的混合溶液进行过滤操作，以除去杂质，过滤后将得到棕色的油状溶液。

3. 在过滤后的 $FeCl_2$ 和 $FeCl_3$ 的混合液中用滴管逐滴加入氨水并搅拌，使之分散均匀而不致凝聚形成大颗粒沉淀。直到调到 pH 值约为 9 时，不再看到有 Fe_3O_4 生成时，就说明氨水已过量，停止滴加氨水。

4. 在上述反应生成的蓝黑色溶液中加入适量活化剂油酸和基液煤油，搅拌使之混合均匀，将得到黑色发亮的液体；将其放置于 80℃ 以上水浴中加热，以除去过量氨水。然后把上述溶液转移至量筒中或试管中，静止十几分钟后，可观察到溶液分为两层。上层乌黑发亮的胶体溶液就是 Fe_3O_4 的煤油基磁性流体，它由 Fe_3O_4 磁性颗粒、活化剂油酸和基液煤油组成，下层无色(或略有些颜色)透明的则是水和未反应完的少量 $FeCl_2$ 或 $FeCl_3$ 的水溶液. 用吸管吸取上层黑色的胶体溶液,就得到了想要的 Fe_3O_4 的煤油基磁性流体。

【Fe_3O_4 煤油基磁性流体的检测】

把制备的铁磁流体样品靠近磁铁旁,观察样品的形状变化,看是否具有磁性。

（高一,张郑志鹏等）

PH 传感器协助酸碱滴定实验

【实验目的】

利用 pH 传感器实时监测反应过程中混合溶液 pH 的变化情况来协助进行酸碱滴定实验,计算未知浓度氢氧化钠溶液的浓度。

【实验器材及试剂蒸馏水】

0.1mol/L HCl 标准溶液、未知浓度约 0.1mol/L NaOH 溶液;磁力搅拌器、计算机、pH 传感器、数据采集器、200mL 烧杯、滴定台、酸式滴定管。

【实验步骤】

1. 安装滴定台,连接传感器和电脑,将 200mL 烧杯放在磁力搅拌器中央;

2. 在酸式滴定管中加入 25mL0.1mol/L HCl 标准溶液;

3. 在 200mL 烧杯中加入 20mL 未知浓度 NaOH 溶液,并加入约 50mL 蒸馏水,滴入 2 滴酚酞试液,放入一粒搅拌磁子,将 pH 感应器电极浸入溶液中;

4. 开启磁力搅拌器,记录此时溶液 pH 值;

5. 开始滴定,速度约为 2 滴每秒,注意电脑屏幕上显示的 pH 值的变化;

6. 当溶液 pH 值明显变化时,降低滴入 HCl 溶液速度,约 1 滴每秒;

7. 当 pH 值显示为 7.00 时,停止滴定,记录下消耗盐酸体积;

8. 计算 NaOH 溶液浓度。

（高二(19)班　郑柏恒）

二氧化碳性质综合实验探究

CO_2 的性质实验较多,如 CO_2 与氢氧化钠溶液反应的喷泉实验、能使蜡烛熄灭、能与镁反应具有助燃性、与水反应具有弱酸性、与过氧化钠反应放出 O_2 等均是化学中非常经典的实验。本实验在多个单独 CO_2 性质实验的基础上,设计组合出一个 CO_2 性质综合实验,使学习者易于全面理解 CO_2 的知识点,打开视野和思路,达到活学活用的目的。该设计实验装置简单易行,现象明显,实验过程中装置可拆分、可组合,具有明显的视觉效果。

【药品及试剂】

稀盐酸、碳酸钙、氢氧化钠溶液、过氧化钠、石蕊试液、酚酞溶液、蒸馏水;分液漏斗、锥进瓶、广口瓶、止水夹、滴管、铁架台、玻璃管、橡胶管、橡皮塞、蜡烛、火柴。

实验装置流程图如下:

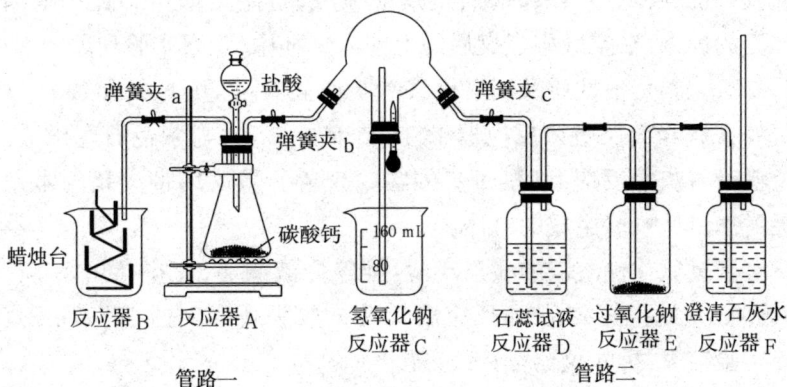

【实验流程】

1. 实验开始,旋开反应发生器 A 中分液漏斗,生成 CO_2;

2. A 中气体进入反应器 B 中进行实验;

3. B 中反应结束后,关闭 a 处弹簧夹,打开 b 处弹簧夹,CO_2 经管路进入反应器 C;

4. 反应器 C 中充满 CO_2 后,进入反应器 D 发生反应;

5. D 中反应结束后,CO_2 进入反应器 E 发生反应;

6. E 中反应结束后,CO_2 进入反应器 F 发生反应;

7. F 中反应结束后,旋停分液漏斗,A 中反应停止;

8. 关闭 b 处弹簧夹、c 处弹簧夹,挤压三口烧瓶中的胶头滴管,将滴管中水挤压进入烧瓶中,引发反应器 C 处的喷泉反应;

9. C 中反应结束后,实验结束。

【实验操作步骤】

1.组装仪器:按实验装置图连接好仪器。反应器 A 的锥形瓶中放入适量的碳酸钙,分液漏斗中注入适量体积比1:1的盐酸;反应器 C 的烧杯中注入配制好的10%氢氧化钠稀溶液;反应器 D 加入适量的紫色石蕊试液;反应器 E 中加入适量的 Na_2O_2 粉末;反应器 F 中加入澄清的石灰水。

2.检查装置的气密性:关闭 a 处弹簧夹,用手捂住圆底烧瓶,伸入烧杯的导管口有气泡产生,松开手,导管内形成一小段水柱,过一会儿,液面不下降,说明装置不漏气。

3.制取、收集并检验二氧化碳的灭火和助燃性质实验:打开 a 处弹簧夹,关闭 b 处弹簧夹,旋开反应器 A 中分液漏斗的活塞,使反应发生,将点燃的蜡烛放入烧杯,观察实验现象;待反应完成后,用坩埚钳夹住一根用砂纸打磨光亮的镁条,在空气中点燃后马上伸入烧杯中,观察实验现象。

4.二氧化碳其他性质及制取氧气的验证实验:打开 b 处弹簧夹,关闭 a 处弹簧夹,CO_2 经管路进入反应器 C、D、E、F 中,依次与紫色石蕊试液、过氧化钠及澄清石灰水反应,观察每步的实验现象。最后用带火星的木条在管路的最终出口处检验生成的气体:

5.溶于氢氧化钠溶液的喷泉实验:旋停分液漏斗,停止 A 中反应,关闭 b 处弹簧夹、c 处弹簧夹,挤压反应器 C 中的胶头滴管,观察实验现象。

6.实验结束,拆除仪器,清洗装置。

【实验中的现象及原理解释】

现象一:CO_2 气体的制备。旋开反应器 A 中分液漏斗的活塞,HCl 液体滴入 $CaCO_3$ 中,迅速产生白色气泡,块状 $CaCO_3$ 粉末逐渐溶解。

[原理]在实验室里,常用稀盐酸与大理石(或石灰石,其主要成分为 $CaCO_3$)反应来制 取二氧化碳,反应的化学方程式:

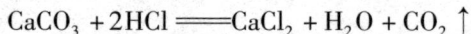

$$CaCO_3 + 2HCl == CaCl_2 + H_2O + CO_2\uparrow$$

现象二:蜡烛遇 CO_2 气体被熄灭。1 中生成的气体进入反应器 B,可以明显看到烧杯中的蜡烛按照由低到高的顺序依次熄灭。

[原理]二氧化碳的密度比空气大,是空气密度的 1.5 倍,一般情况下,二氧化碳不能燃烧也不能支持燃烧。二氧化碳从反应器 A 中释放出来后,通入放有点燃蜡烛的烧杯,由于二氧化碳不能燃烧,也不支持燃烧,可使蜡烛熄灭,且二氧化碳密度比空气大,所以下层蜡烛火焰先熄灭,上层的后熄灭。

现象三：CO_2 与金属镁的反应。蜡烛熄灭后，用坩埚钳夹住一根用砂纸打磨光亮的镁条，在空气中点燃后伸入烧杯中，可以看到在二氧化碳中点燃的镁条产生耀眼的白光，火星四射，燃烧要比在空气中剧烈，生成白色烟，同时，在烧杯壁出现黑色细小的颗粒物。

[原理]在通常情况下 CO_2 是不能燃烧也不支持燃烧，但是并不是在所有情况下，二氧化碳都不能支持燃烧。有一些活泼的金属可以在二氧化碳中燃烧，如金属镁。在空气中燃着的镁条可以在二氧化碳中继续燃烧，并且反应剧烈，生成炭和氧化镁。

现象四：CO_2 的弱酸性。打开 b 处弹簧夹，关闭 a 处弹簧夹，CO_2 经管路进入反应器 C、D，可以看到反应器 D 中紫色石蕊试液变红。

[原理]CO_2 溶于水后生成的碳酸和醋酸一样具有弱酸性，可以使紫色石蕊溶液变红。

现象五：CO_2 与 Na_2O_2 反应生成氧气的反应。气体从反应器 D 中反应完成后进入反应器 E 中，可以观察到淡黄色的 Na_2O_2 粉末逐渐变为白色。

[原理]过氧化钠为淡黄色固体，易与 CO_2 反应生成碳酸钠，同时放出氧气。

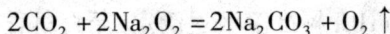

$$2CO_2 + 2Na_2O_2 = 2Na_2CO_3 + O_2\uparrow$$

现象六：CO_2 与澄清的石灰水反应。气体从反应器 E 中反应完成后进入反应器 F 中，可以观察到澄清的石灰水开始浑浊，产生白色的沉淀。

[原理]CO_2 是酸性氧化物，$Ca(OH)_2$ 溶液呈碱性，二者发生酸碱中和反应生成难溶于水的白色 $CaCO_3$ 沉淀。

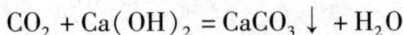

$$CO_2 + Ca(OH)_2 = CaCO_3\downarrow + H_2O$$

现象七：O_2 能够帮助燃烧。在最终出口处用带火星的木条检验生成的气体，可以看到产生的气体可以让木条的火星复燃或明显变亮。

[原理]CO_2 通过过氧化钠反应放出氧气，带火星的木条本身温度已经达到着火点，当其与氧气接触的时候，就满足了燃烧条件，使木条复燃或火星明显变亮。

现象八：喷泉实验。旋停分液漏斗，停止 A 中反应，关闭 b 处弹簧夹、c 处弹簧夹，挤压反应器 C 中的胶头滴管中的水，可以观察到在反应器 C 中发生 NaOH 的喷泉现象，喷泉中喷出的无色溶液变为红色。

[原理]喷泉实验的基本原理是使瓶内外在短时间内产生较大的气压差，利用大气压将瓶下面烧杯中的液体 压入瓶内，在尖嘴导管口处形成喷

泉。当滴管内的氢氧化钠溶液进入烧瓶内时,氢氧化钠跟二氧化碳迅速反应生成碳酸钠和水,在短时间内瓶内产生足够的压强差(负压),外界大气压将氢氧化钠溶液压入瓶中,在尖嘴导管口形成"喷泉",剩余的二氧化碳又与进入瓶中的氢氧化钠反应,最终使溶液充满烧瓶。

定量测定牙膏中磷元素的含量

【实验原理】

牙膏试样中的磷可采用酸碱滴定法进行定量测定。在硝酸介质中,磷酸与喹钼柠酮试剂反应,生成黄色沉淀:

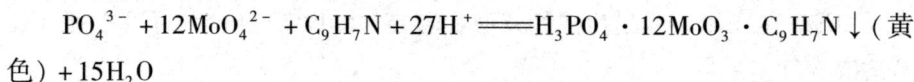

$$PO_4^{3-} + 12MoO_4^{2-} + C_9H_7N + 27H^+ === H_3PO_4 \cdot 12MoO_3 \cdot C_9H_7N \downarrow (黄色) + 15H_2O$$

沉淀过滤之后,用水洗涤,然后将沉淀溶解于一定量且过量的 NaOH 标准溶液中,溶解反应为:

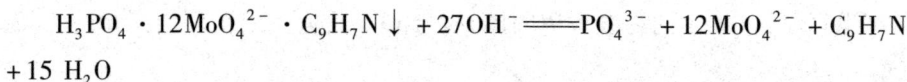

$$H_3PO_4 \cdot 12MoO_4^{2-} \cdot C_9H_7N \downarrow + 27OH^- === PO_4^{3-} + 12MoO_4^{2-} + C_9H_7N + 15 H_2O$$

过量的 NaOH 再用 HCl 标准溶液返滴定,至百里香酚蓝 - 酚酞混合指示剂由紫色变为淡黄色即为终点。回滴时:

$$H^+ + PO_4^{3-} === H_3PO_4,$$ 故有如下关系式:

$$1P_2O_5 \backsim 2P \backsim 2 H_3PO_4 \backsim 2 \times 26NaOH$$

即可根据滴定过程中所用去 NaOH 和 HCL 标准溶液量,计算出试样中 P_2O_5 的含量。

【所需试剂药品和仪器】

喹钼柠酮试剂、0.5mol/L 盐酸溶液、0.5mol/L NaOH 溶液、2g/L 酚酞溶液、2g/L 甲基橙溶液、百里香酚蓝 - 酚酞混合指示剂、邻苯二甲酸氢钾基准物质、无水碳酸钠基准物质;滴定管(台)、烧杯、漏斗、玻璃棒等。

【滴定操作步骤】

1. 0.5mol/L NaOH 溶液的标定:以差量法准确称量邻苯二甲酸氢钾固体 2~4g 三份,分别置于 250mL 锥形瓶中,加入 20~30mL 蒸馏水溶解后(稍加热),加入 1~2 滴酚酞指示剂,用 0.5mol/L NaOH 溶液滴定至溶液呈微红色且 30 秒内不褪色即为终点。根据消耗的 0.5mol/L NaOH 溶液的体积,计算 NaOH 溶液的准确浓度。

2. 0.5mol/L 盐酸溶液的标定:以无水碳酸钠基准物质标定。用差减称量法准确称取 0.75〜1g 无水碳酸钠基准物质三份,分别放置于 250mL 锥形瓶中,加入 20〜30mL 蒸馏水使之溶解,滴加甲基橙指示剂 1〜2 滴,用待标定的 0.5mol/L 盐酸溶液滴定,溶液由黄色变为橙色即为终点。根据滴定消耗体积,计算盐酸溶液的准确浓度。

3. 牙膏中 P_2O_5 含量的测定:根据含磷牙膏所含 P_2O_5 的大致含量,准确称取牙膏试样于 250mL 烧杯中,加入 10~15mLHCL 和 3~5mL 硝酸溶液,盖上表面皿,摇匀,放在电热板上加热至沸,待溶液蒸发至 3mL 左右时,加入 10mL(1+1)硝酸溶液,用水稀释至 100mL,盖上表面皿加热至沸。在不断搅拌下,加入 50mL 喹钼柠酮试剂,生成 $H_3PO_4 \cdot 12MoO_3 \cdot C_9H_7N\downarrow$(黄色)沉淀。继续加热至微沸 1min,取下烧杯,静置冷却后,用中速滤纸过滤。用水洗涤烧杯和沉淀 8〜10 次。将沉淀连滤纸转移至原烧杯中,加入 0.5mol/L NaOH 标准溶液 45.00mL,充分搅拌使沉淀溶解完全。若沉淀溶解不完全,可补加一定量 NaOH 标准溶液,加入百里酚蓝 - 酚酞混合指示剂 1mL 后,用 0.5mol/L 盐酸溶液回滴至溶液从紫色,经灰色到淡黄色即为终点。平行测定 2〜3 份,计算 P_2O_5 含量。

(高二,冯元宁、凌筱胤、何李霸等)

探究影响银镜反应成败的因素

【问题的提出和实验原理】
所谓银镜反应,是指醛与弱氧化剂发生氧化还原反应,醛被氧化成相同碳原子个数羧酸,而试剂中的银离子被还原成单质银,均匀地涂在试管壁上,形成一层明亮的银镜,故称银镜反应。除醛类化合物可发生银镜反应外,其他结构中含有醛基的化合物如葡萄糖、甲酸等也可发生此反应,乙醛、甲酸和葡萄糖发生银镜反应的化学反应式分别为:

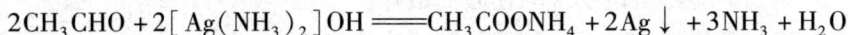

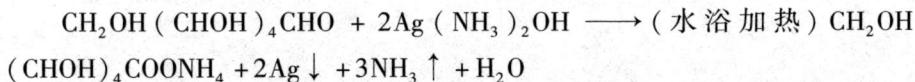

$$2CH_3CHO + 2[Ag(NH_3)_2]OH \Longrightarrow CH_3COONH_4 + 2Ag\downarrow + 3NH_3 + H_2O$$

$$HCOOH + 2Ag(NH_3)_2OH \longrightarrow 2H_2O + 2Ag\downarrow + 4NH_3 + CO_2$$

$$CH_2OH(CHOH)_4CHO + 2Ag(NH_3)_2OH \longrightarrow (水浴加热) CH_2OH(CHOH)_4COONH_4 + 2Ag\downarrow + 3NH_3\uparrow + H_2O$$

但许多同学在做本实验时得不到理想结果,有的无任何现象,有的试管壁上银镜涂的不均匀,也有的只生成一些灰黑色沉淀,究竟哪些因素影响银镜的生成呢？

【药品和仪器】

乙醛溶液、甲酸溶液、葡萄糖溶液、稀硝酸银溶液、稀氨水、氢氧化钠溶液；试管、滴管、热水、水浴锅等。

【实验步骤】

1. 试管洁净程度的影响：取一支大试管，配制 4mL 银氨溶液，将其分装在两支试管中（一支很洁净 A；另一支不太干净 B），然后分别向 A，B 两试管中加入 1mL 10% 的葡萄糖溶液，同时置于 70℃热水浴中，过一段时间观察现象；

2. 还原剂的浓度对反应质量的影响：用 5%、10%、15%、20% 的葡萄糖溶液做对比实验。取干净试管四支，编号 1、2、3、4，各加入 2mL 2% 的硝酸银溶液，滴加 2 滴 10% 的氢氧化钠，再滴加 2% 的氨水（边加边振荡）至沉淀物恰好溶解，然后依次加入 5%、10%、15%、20% 的葡萄糖溶液 1mL，快速振荡后置于 70℃ 的水浴中。1min 后四支试管都有银镜生成，观察四支试管生成银镜情况。

3. 不同还原剂对反应质量的影响：控制其他条件一样，用 2mL 10% 的葡萄糖溶液，1 滴 37~40% 的甲酸溶液和 4 滴 5~10% 的乙醛溶液做还原剂分别加到三支试管中，其中甲酸溶液不需加热，稍停一会儿，观察试管生成银镜情况。

4. 配制银氨溶液时是否滴加氢氧化钠溶液的影响：取二支试管，一支在配制银氨溶液时加 1 滴氢氧化钠溶液，然后滴加稀氨水至沉淀刚好消失；另一支则不加氢氧化钠溶液，直接加氨水至溶液澄清；将二支试管放入 70℃热水中，观察现象。

【实验结果】

1. 洁净试管比不洁净试管成镜效果要好；

2. 用 10% 的葡萄糖溶液作银镜反应的还原剂最合适；

3. 用葡萄糖作银镜反应的还原剂最好；

4. 配制银氨溶液时不加氢氧化钠溶液效果好。

（高一，吴书乐 王捷等）

电浮选凝聚法处理污水

【实验目的】

1. 了解污水的危害及污水处理常用的方法;

2. 了解电浮选凝聚法处理污水的原理及装置;

3. 培养学生树立环境保护意识。

【实验用品】

污水(加洗涤剂和油污)的水溶液、盐酸、氢氧化钠溶液、硫酸钠溶液、铝片、铁片;铁架、烧杯、直流电源、pH 试纸、导线。

【实验原理】

铁皮、铝片、直流电源、导线、污水形成闭合回路,与直流电源正极相连的阳极铁失去电子生成二价铁离子,进一步被氧化,并生成氢氧化铁沉淀,氢氧化铁沉淀有吸附性,可吸附污物而沉积下来,具有净水的作用。与直流电源负极相连的阴极产生氢气,气泡把污水中的悬浮物带到水面形成浮渣层,积累到一定厚度时刮去浮渣层,即起到了浮选净化的作用。

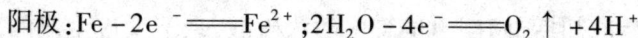

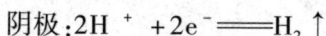

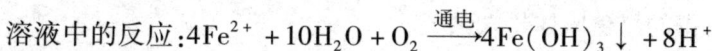

阳极:$Fe - 2e^- \Longrightarrow Fe^{2+}$;$2H_2O - 4e^- \Longrightarrow O_2 \uparrow + 4H^+$

阴极:$2H^+ + 2e^- \Longrightarrow H_2 \uparrow$

溶液中的反应:$4Fe^{2+} + 10H_2O + O_2 \xrightarrow{\text{通电}} 4Fe(OH)_3 \downarrow + 8H^+$

【实验步骤】

1. 取洗涤液200mL(内含洗涤剂和油污)调节 pH 值到5~6,加入少许的硫酸钠,溶解后倒入电解槽;

2. 从直流电源的两极引出来两根导线,分别在电源的正极连接铁皮,负极连接铝片,两电极平行置入电解槽,将电压调节到8-16V,打开开关开始实验;

3. 30min 后关闭电源,并与处理前的污水做对比。污水静置片刻,并测量电解后污水的 pH 值,用玻璃棒搅动处理后的水,静置大约15min 观察何有变化;

4. 过滤处理后的水,测量 pH 值,并与处理前做对比。

(高二,林海波、马腾等)

浓硫酸与铜反应副产物的探究

【实验动机】

当我们将铜片加入浓硫酸并加热,看到了 SO_2 气泡的产生,但没有看到蓝色的液体出现,生成物中却出现了黑色固体颗粒,引起我们对此现象探讨的兴趣。

【所需药品和仪器】

浓硫酸、浓盐酸、浓硝酸、铜片、CuO 粉末、CuS 粉末、NaOH 溶液;铁架与铁圈各一个、酒精灯、100mL 烧杯、单孔木塞、橡皮管、玻璃片、试管若干、药匙、镊子、试管夹、胶头滴管;

【实验操作步骤】

1. 铜与浓硫酸的反应

(1)将浓硫酸注入试管中,并加入适量铜片,用酒精灯加热,将 SO_2 气体通入装有 NaOH 溶液的试管中。

(2)加热至液体沸腾后,持续加热,使铜片几乎完全反应后停止加热。

(3)待试管自然冷却后,倾倒出试管中的浓硫酸,余下反应生成的黑色固体颗粒。

(4)将所得的黑色固体粉末烘干。

2. 黑色固体颗粒定性实验

(1)取 A、B 二试管,分别加入黑色粉末,再分别向二支试管中加入浓盐酸和浓硝酸,并加热之,观察结果并记录。

(2)取 C、D 两试管,向其中加入少许纯 CuO 黑色粉末,再分别加入浓盐酸和浓硝酸,并加热之,观察现象并记录。

(3)取 E、F 两试管,向其中加入少许纯 CuS 粉末,并分别加入浓盐酸和浓硝酸,并加热之,观察现象并记录。

(4)对比上述实验现象,确定所得黑色固体的成分。

(2011 年,高一杜羽等人)

生活实用性实验类

自制化学暖袋

【实验目的】

运用化学知识解决身边的问题。

【实验原理】

铁粉与空气中的氧发生反应,生锈放热,化学方程式:$4Fe + 2H_2O + 3O_2$

$$=2Fe_2O_3 \cdot H_2O$$

【实验仪器和试剂】

还原铁粉(直径约 0.1mm)、活性炭(直径约 0.1—0.3mm)、15% 食盐水;细木屑、烧杯、玻璃棒、塑料袋一个、布袋一个。

【实验步骤】

1. 称取 15g 小颗粒状活性炭、50g 还原铁粉、5g 细木屑,都放在一只烧杯中,再加入 15mL15% 的食盐水,用玻棒搅拌均匀。

2. 把烧杯里的混合物全部加入扎过孔的塑料袋内,封上袋口。把这塑料袋放入自制的布袋中,扎住袋口。

3. 用大头针在自封式塑料袋上扎几十个针眼(袋的两层同时扎穿)。

4. 反复搓擦这袋 5~8 分钟,能感觉布袋的温度明显上升,可维持 5 个小时左右热度。

【实验说明】

1. 在塑料袋上扎针眼,为了能使空气进入袋内,维持氧化发热反应。搓动袋子是促使空气流动,使氧气跟铁粉较好地接触。

2. 使用铁粉可提高反应的表面积,加快反应速度。

3. 活性炭则具有很强的吸附能力,使用它能吸附空气中的氧,从而大大提高了氧的浓度。

4.食盐是一种强电解质,能为金属锈蚀过程中的电子转移创造有利条件,对反应起到促进催化作用。

5.适当加入一些碎木屑,利用木屑的吸水、蓄水作用,防止起始时活性炭因吸水而导致吸附气体能力的下降,使制作出来的暖袋效果更好。

（高一：李艾琪、王素心等）

牙膏中某些成分的检验

【实验原理】

牙膏是复杂的混合物,目前我国市面上使用的牙膏一般分为普通牙膏、氟化物牙膏和药物牙膏三大类,它们均由摩擦剂（如碳酸钙、磷酸氢钙）、保湿剂（如木糖醇、聚乙二醇）、表面活性剂（如十二醇硫酸钠、2－酰氧基磺酸钠）、增稠剂（如羧甲基纤维素、鹿角果胶）、甜味剂（如甘油、环己胺磺酸钠）、防腐剂（如山梨酸钾盐和苯甲酸钠）、活性添加物（如叶绿素、氟化物）,以及色素、香精等混合而成。下面对牙膏中几种简单成分进行检验。

【实验用品】

试管、烧杯、玻璃棒、胶头滴管;pH 试纸。

$0.5mol \cdot L^{-1}CuSO_4$ 溶液、$1mol \cdot L^{-1}NaOH$ 溶液、牙膏样品若干种、稀盐酸。

【实验步骤】

1.牙膏中摩擦剂的检验:

摩擦剂是牙膏的主要成分,它的作用是要有一定的摩擦作用,不能损伤牙面及牙周组织,并能使牙菌斑、软垢和食物残渣比较容易被刷下来。常用的牙膏中摩擦剂成分有碳酸钙及二氧化硅,约占牙膏含量的一半以上。如果牙膏中摩擦剂只有一种,采取以下操作方法检验其成分。

操作:取少量某品牌牙膏样品于烧杯中,并加入过量的稀盐酸,则实验中可能出现的现象与对应结论如下表:

实验中可能出现的现象	结　　论	解　　释
不溶解	摩擦剂为 SiO_2	
溶解并产生气体	摩擦剂为 $CaCO_3$	
溶解无气体,加 NaOH 至过量后又产生沉淀	摩擦剂为 $Ca_3(PO_4)_2$	
溶解无气体,加 NaOH 至过量先产生沉淀后溶解	摩擦剂为 $Al(OH)_3$	

2.检验牙膏中含有甘油

甘油是牙膏中最常用的润滑剂,它的作用是保持牙膏的湿润性,并能保护牙龈和牙体组织。甘油中含有三个羟基,多羟基化合物与新制的 $Cu(OH)_2$ 悬浊液反应产生绛蓝色的溶液。

操作:取少量牙膏样品于小烧杯中,加蒸馏水、搅拌,静置,取上层清液滴入新制的 $Cu(OH)_2$ 悬浊液中,观察实验现象。若产生绛蓝色的溶液,则牙膏中含有甘油。

3.牙膏水溶液的酸碱性:

操作:用玻璃棒蘸牙膏溶于水的澄清液滴在 pH 纸上,与比色卡对照,观察检测牙膏的酸碱性。

(高二,冯元宁,何李霸等)

浓茶中鞣酸含量的简易测定探究

【实验背景】

茶是生活中一种非常受欢迎的饮料。茶叶中含有茶碱,既能提神,还具有降血脂、降血压、降血糖的功效。但茶叶中同时还含有鞣酸(分子式为 $C_{76}H_{52}O_{46}$),它有特殊气味和强烈的涩味、低毒,口服对胃黏膜有刺激性,可引起恶心、呕吐。长期大量饮用含鞣酸的浓茶可造成胃液稀释,不能正常消化,阻碍人体对铁的吸收。所以鞣酸除苦涩味影响茶水的口感外,同时也会对饮用者的身体健康有一定的影响。

【实验原理】

金属离子与鞣酸反应时,首先生成二价的亚铁盐——鞣酸亚铁。鞣酸亚铁在有水和空气存在的条件下,逐渐被氧化成三价铁盐——鞣酸铁黑色物质。

【实验步骤】

1. 取四支 100mL 小烧杯,分别注入约 2/3 容积的蒸馏水。在第一支烧杯中加入约 1/4 药勺的鞣酸,第二只烧杯中加入约半药匙的鞣酸,第三只烧杯里加入约一药匙的鞣酸,第四只烧杯中不加鞣酸,留作空白实验用;

2. 另取一只第五只烧杯,向里面加入约 2/3 容积的浓茶水;

3. 等待鞣酸全部溶解后,向每只烧杯中分别放入一颗表面洁净、无锈的铁钉,10 分钟后,观察每只烧杯中铁钉变化情况。放置几天后再行观察溶液及铁钉变化情况。

4. 根据溶液颜色变化的深浅程度(颜色的深浅与原溶液中鞣酸的含量有关),比较茶水与哪只烧杯的颜色相近,可以大致确定茶水中鞣酸的相对含量大小。

(高二,黄泽冰、梁晨曦等)

红糖制白糖

【实验原理】

红糖中含有一些有色物质,要制成白糖,须将红糖溶于水,加入适量活性炭,将红糖中的有色物质吸附,再经过滤、浓缩、冷却后便可得到白糖。

【实验仪器和药品】

大烧杯两个、小烧杯一个、玻璃棒 、酒精灯、铁架台、圆形滤纸若干、电子秤 、坩埚;活性炭、红糖、水。

【实验步骤】

1. 称取 8g 红糖放在小烧杯中,加入 40 mL 水;

2. 用玻璃棒进行搅拌,让红糖溶解于水中。然后点燃酒精灯,进行加热,加速全部溶解。

3. 往红糖水中加入活性炭,并不断搅拌,过适量时间吸附后趁热过滤悬浊液,得到较为清澈的液体;如果滤液呈黄色,还可再加入适量的活性炭,继续进行过滤操作,得到滤液,直至变得较为清澈为止。

4. 趁热将滤液转移到坩埚中进行加热蒸发。当体积减少到原来体积的四分之一左右便停止加热,用余温进行加热。

5.待液体析出固体完全蒸干后,最后收集到坩埚底部的白色颗粒便是较高纯度的白糖。

(高一:叶文豪、杜炫毅等)

天气预报瓶的制作

【背景资料】

天气预报瓶是由气象学家罗伯特·菲茨罗伊进行航行时发明的一种用来预报指示天气的设备,它是一个装满溶液的密封玻璃瓶,使用者可以通过查看瓶子里溶液的情况来预测天气。瓶子里的溶液通常是由包括蒸馏水、乙醇、硝酸钾、氯化铵和樟脑等几种物质所组成的混合溶液。它的原理尚无准确定论,可能是温度和气压影响了溶解度,于是溶液有时澄清,有时又会沉淀,产生结晶。

【所需药品和仪器】

硝酸钾、氯化铵、蒸馏水、乙醇、天然樟脑;量筒、烧杯、大烧杯、酒精灯、三脚架、石棉网、玻璃棒、温度计、容量瓶(盛装溶液)。

【操作步骤】

1.将2.5g硝酸钾和2.5g氯化铵溶解于33mL水中;

2.将10g樟脑溶解于40mL酒精中;

3.将步骤一的溶液加到步骤二的溶液中,最好是加热搅拌到澄清,温度30－40℃即可;

4.混合后封存在试管或其他玻璃容器中(容器一定要密封,避免酒精挥发)。

【天气预报瓶对于天气的预测】

1.如果液体很澄清,说明天气将会是晴好的;

2.如果液体是朦胧的,有时伴有沉淀,那么天气也会像溶液一样多云;

3.如果溶液中有沉淀悬浮,就预示着潮湿的天气或者下霜;

4.如果悬浮的沉淀和朦胧的液体并存,说明暴风雨将会到来;

5.如果在晴朗的冬日里液体中有沉淀悬浮,就说明要下雪了;

6.如果在暖和的日子里或者下雪的冬天,液体中有大块的沉淀,说明将会阴天;

7.如果在杯底有晶体析出,说明要下霜了。

(高二,叶嘉澍等)

自制汽水

【实验资料】

汽水是由矿泉水或经过煮沸、紫外线照射消毒后的饮用水,充以二氧化碳制成的,它属于含二氧化碳的碳酸饮料。工厂制作汽水是通过加压的方法,使二氧化碳气溶解在水里。汽水中溶解的二氧化碳越多,质量越好。市场上销售的汽水,大约是1体积水中溶有1~4.5体积二氧化碳。有的汽水中除含有二氧化碳外,还加入适量白糖、果汁和香精。二氧化碳从体内排出时,可以带走一些热量,因此喝汽水能解热消渴。喝冰镇汽水时,由于汽水的温度更低,溶解的二氧化碳更多(0 ℃时,二氧化碳的溶解度比20 ℃时大1倍),有更多的二氧化碳要从体内排出,能带走更多的热量,所以更能降低肠胃的温度。因此,千万不能大量饮用冰镇汽水,以免对肠胃产生强烈的冷刺激,引起胃疼挛、腹痛,甚至诱发肠胃炎。此外,过量的汽水会冲淡胃液,降低胃液的消化能力和杀菌作用,影响食欲,甚至加重心脏、肾脏负担,引起身体不适。

【药品和仪器】

果味香精、白糖、碳酸氢钠、柠檬酸;汽水瓶、药勺、压盖机等。

【制作步骤】

取一个洗刷干净的汽水瓶,瓶里加入占容积80%的冷开水,再加入白糖及少量果味香精,然后加入2 g碳酸氢钠,搅拌溶解后,迅速加入2 g柠檬酸,并立即将瓶盖压紧,使生成的气体不能逸出而溶解在水里。将瓶子放置在冰箱中降温。取出后,打开瓶盖就可以饮用。

自制雪花膏

雪花膏,白色膏状乳液,是常用的护肤化妆品,它能保持皮肤的湿度平衡,对皮肤起到保湿、柔软的作用。常见的雪花膏为水包油型乳化形式(O/W),水相主要含水以及甘油、碱等水溶性物质,而油相主要含高级脂肪酸、高级醇及油脂类。另外,还添加一些防腐剂及香精等,以改善其性能。雪花膏的pH值一般为5~7,与皮肤表面的pH值相近。

【实验原理】

雪花膏常做成水包油型(O/W)乳膏,主要含水溶性的保湿剂、增稠剂、低级醇类以及水等。保湿剂通常选用甘油、丙三醇、山梨醇、甘露醇等,能均匀地覆盖在皮肤表面,阻止皮肤水分的蒸发;增稠剂可选用果胶、纤维素衍生物、海藻酸钠等,使乳膏具有一定的黏度;油类主要是烃类、油脂、蜡类、高级醇等油溶性物质;另外,添加其他助剂,如防腐剂、抗氧化剂、香精等,以改善乳膏的性能。

【主要仪器与药品】

水浴锅、搅拌器;单硬脂酸甘油酯、羊毛脂、十六(烷)醇、十八(碳)醇、羟苯乙酯、三乙醇胺、聚山梨酯-80、甘油、蜂蜜、香精、蒸馏水等。

【实验内容与操作步骤】

1. 配方:

成分	质量分数/%	成分	质量分数/%
单硬脂酸甘油酯	6.0	鲸蜡醇	3.0
三乙醇胺	1.0	蜂蜜	2.0
羊毛脂	3.0	十八醇	5.0
甘油	10.0	香精	0.5
矿物油	8.0	羟苯乙酯	0.5
聚山梨酯-80	1.0	蒸馏水	60.0

2. 操作步骤:①按上述配分比例将适量单硬脂酸甘油酯、羊毛脂、白油、鲸蜡醇以及十八醇加入 500mL 的烧杯中,加热到 90℃,熔化并搅拌均匀;②将蒸馏水、三乙醇胺、甘油、聚山梨酯-80、蜂蜜加入另一个 500mL 的烧杯中,加热到 90℃并搅拌均匀,保温 20 分钟灭菌;③在搅拌下将②烧杯水相混合液慢慢加入①的油相中,继续搅拌,当温度降至 50℃时,加入防腐剂和香精,搅拌均匀;④静置、冷却到室温,观察产品的颜色、气味、状态,并试用观察效果。

(高二,杨思遥、张姝浩、庄楚怡等)

固体酒精的制备

【实验原理】

固体酒精制备过程中涉及的主要化学反应式为：

$$C_{17}H_{35}COOH + NaOH = C_{17}H_{35}COONa + H_2O$$

反应后生成的硬脂酸钠是一个长碳链的极性分子,室温下在酒精中不易溶在较高的温度下,硬脂酸钠可以均匀地分散在液体酒精中,而冷却后则形成凝胶体系,使酒精分子被束缚于相互连接的大分子之间,呈不流动状态而使酒精凝固,形成固体酒精。

【仪器与试剂】

酒精灯、烧杯(1000mL、100mL、50mL 各一个)、温度计、量筒(50mL);无水酒精、硬脂酸、氢氧化钠、水。

【实验步骤】

1. 分别称取 5g 硬脂酸和 50mL 无水酒精于烧杯 1(100mL)中,称取 1.2g 氢氧化钠于烧杯 2(50mL)中,加少量水溶解(约 5mL);

2. 把烧杯 1、烧杯 2 分别放入大烧杯(1000mL)中水浴加热,加热至 60 – 70℃,使硬脂酸充分溶解于酒精中;

3. 把烧杯 2 中的 NaOH 倒入烧杯 1 中,快速充分搅拌,冷却后观察,将会出现石蜡状固体。取一块点燃,观察燃烧现象。

(高一,王安琪、王嘉玮等)

检验尿糖

【实验原理】

糖尿病患者尿液中含有葡萄糖,含糖量多,则病情重。检验尿液中的含糖量,可以用硫酸铜跟酒石酸钾钠与氢氧化钠溶液配制成的叫作费林试剂的药液来检验。其反应原理与用氢氧化铜悬浊液检验醛基相同。

【药品和仪器】

硫酸铜晶体、酒石酸钾钠、氢氧化钠固体、蒸馏水;试管、酒精灯、火柴、药勺、试剂瓶、电子台秤、烧杯等。

【实验操作】

1. 配制费林试液：取 100mL 蒸馏水,加入 3.5g 硫酸铜晶体($CuSO_4 \cdot$

$5H_2O$)制成溶液 I;另取 100mL 蒸馏水,加入 17.3g 酒石酸钾钠($NaKC_4H_4O_6$·$4H_2O$)和 6g 氢氧化钠制成溶液 II。将溶液 I 与溶液 II 分装在两只洁净的带密封塞的试剂瓶中,使用时等体积混合即成费林试液。

2. 检验尿糖:用吸管吸取少量尿液(1mL ~ 2 mL)注入一支洁净的试管中,再用另一支吸管向试管中加入 3 ~ 4 滴费林试剂,在酒精灯火焰上加热至沸腾,加热后:(1)若溶液仍为蓝色,表明尿液中不含糖,用"–"表示;(2)若溶液变为绿色,表明尿液中含少量糖,用"+"表示;(3)若溶液呈黄绿色,表明尿糖稍多,用"＋＋"表示;(4)若溶液呈土黄色,表明尿糖较多,用"＋＋＋"表示;(5)若溶液呈砖红色浑浊,说明尿糖很多,用"＋＋＋＋"表示。

乙烯催熟水果实验

【实验原理】

乙烯是无色、稍有气味的可燃性气体,且难溶于水。它是有机化学工业中最重要的基础原料之一,也是一种植物生长调节剂。果实放入乙烯气体中后,乙烯能与果实内含有金属原子的酶发生作用,从而改变果实体内蛋白质核酸的合成,调节和加速果实的生长。另外,果实在新陈代谢过程中自身也能分解出乙烯气体,这就是生果实存放的时间长了也会自动成熟的原因。

【药品和仪器】

需要催熟的水果如香蕉、苹果等(2 个)、无水酒精、浓硫酸、高锰酸钾溶液;圆底烧瓶(配有双孔橡皮塞)、量筒、温度计、石棉网、铁架台、铁圈、酒精灯、碎瓷片、盛装催熟水果的容器瓶(2 个)、水槽、毛玻璃片(2 块)、试管、玻璃导管、橡皮套管。

【实验步骤】

1. 制备乙烯气体:(1)无水酒精和浓硫酸按 1∶3 混合,将适量混合液注入圆底烧瓶中,放入几片碎瓷片,塞上插有温度计和直角玻璃导管的双孔橡皮塞。(2)把圆底烧瓶放在铁架台的石棉网上,用酒精灯加热,使混合液的温度迅速升到 170 摄氏度,这时将有大量乙烯气体生成。(3)把气体通入盛有紫红色高锰酸钾溶液的试管中,观察现象。发现溶液的紫红色很快褪去,这说明生成的气体是乙烯。

2. 乙烯催熟:(1)利用上述制备乙烯气体的装置,用排水法收集一备用的容器瓶的乙烯气体。当容器瓶内的水被排尽时,在水槽液面下,用一玻璃片盖住容器瓶口,将容器瓶从水槽中取出。(2)另准备一个同样大小的容器瓶,同样用毛玻璃片盖住瓶口(瓶中即为空气)。(3)在2个容器瓶中各放入一个还未成熟、呈青色的水果,并立即盖上毛玻璃片,待3个小时以后观察现象。

【说明】

1. 在装乙烯的容器瓶中放入青色水果时,为防止乙烯气体从瓶口逸出,操作时可稍移动毛玻璃片,使瓶口露出一个水果大小的缝隙,然后快速放入水果并盖好瓶口,这样可基本保证集气瓶内乙烯气体的浓度。

2. 二个容器瓶内放入的青色水果的品种、大小、成熟度最好一样。

3. 发现3小时后,放入乙烯气体中的水果明显泛黄,已趋成熟;而放入空气中的水果仍显青色,这说明乙烯气体的确是一种优良的催熟剂。

自制豆腐及豆腐中钙质和蛋白质的检验

【实验原理】

豆腐的原料黄豆富含蛋白质,经水浸、磨浆、除渣、加热,得到了蛋白质的胶体。然后向豆浆中加入石膏溶液,它是电解质溶液,可以中和胶体微粒表面吸附的离子的电荷,使蛋白质分子凝聚起来得到豆腐。所以说,点豆腐实际上就是设法使蛋白质发生凝聚而与水分离。豆腐中钙质及蛋白质等指标的定性检验可以依据其性质加以验证。如,豆腐中的钙质与草酸钠溶液反应生成不溶于水的草酸钙白色沉淀:

$$Ca^{2+} + Na_2(COO)_2 \longrightarrow Ca(COO)_2 \downarrow + 2Na^+$$

【实验目的】

了解豆腐的制作过程及其组成成分,并对豆腐中的部分化学成分进行检验;了解豆腐中的营养成分及对人体的营养价值。

【实验仪器和药品】

温度计、酒精灯、烧杯、漏斗、滤纸、铁架台(带铁圈);精密的PH试纸、草酸钠溶液、浓硝酸、石膏。

【实验操作】

1. 自制豆腐。①凝固变性:将自制的浓豆浆(或直接用市售的袋装浓豆浆)倒入一个洁净的500 mL的烧杯中,用酒精灯加热至80 ℃左右,然后边搅拌,边向热豆浆中加入饱和石膏水,直至有白色絮状物产生。停止加热,静置片刻后,就会看到豆浆中有凝固的块状沉淀物析出。②成型:将上述有块状沉淀物的豆浆静置 20 分钟后过滤,再将滤布上的沉淀物集中成一团,叠成长方形,放在洁净的桌面上,用一个盛有冷水的小烧杯压在包有豆腐团块的滤布上,大约 30 分钟后, 即可制成一小块豆腐。若用市售的浓豆浆为原料,制成的豆腐更为细嫩洁白。③保存:为了使制成的豆腐保鲜而不变质,将新制成的豆腐浸于 2% ~5% 的食盐水中放在阴凉处,可使豆腐数天内保鲜而不变质。

2. 豆腐滤液与滤渣的制备:将豆腐捣碎,过滤,得到无色澄清的滤液和白色的滤渣。

3. 豆腐的酸碱性试验:取 200g 豆腐放入烧杯中,加入 20mL 蒸馏水,用玻棒搅拌,并捣碎到不再有块状存在。过滤,得到无色澄清的滤液和白色的滤渣。用精密 pH 试纸测试豆腐滤液的酸碱性。

4. 豆腐中钙质的检验:取上述豆腐滤液 2mL 于试管中,再滴入几滴浓草酸钠溶液。

5. 豆腐中蛋白质的检验:取上述白色的豆腐滤渣少许,放入试管中,再滴入几滴浓硝酸,然后微热,观察现象。

（高一：林冰洁、张堃奇等）

从草木灰中提取钾盐

【实验目的】
学习从草木灰中提取钾盐的方法。

【实验原理】
大田作物的秸秆、柴草树木的根枝茎叶燃烧后剩下灰分,统称为草木灰;草木灰中含有碳酸钾、硫酸钾和氯化钾,俗称"三钾盐",以碳酸钾为主。利用这三种钾盐都易溶于水的性质,通过溶解、过滤、蒸发、冷却等操作,可从草木灰中得到"三钾盐"的固体混合物。再依据它们水中溶解度的大小顺序:碳酸钾 > 氯化钾 > 硫酸钾,运用分步结晶的操作可依次析出硫酸钾、氯化钾、碳酸钾。

【实验药品和仪器】
玻璃棒、漏斗、滤纸、蒸发皿、铂丝;草木灰、蒸馏水、盐酸、氯化钡溶液、硝酸银溶液、稀硝酸。

【操作步骤】

1. 从草木灰中提取"三钾盐"：在 250 毫升烧杯里放入半烧杯 15g 左右草木灰（以向日葵杆、大豆或蚕豆的秆荚、棉籽壳的灰烬为好），加热水到高于灰表面 1—2cm 处，边浸泡边搅拌；浸泡一天后，将烧杯里上层的草木灰浸出液缓缓倾入贴过滤纸的漏斗内过滤。如果滤液浑浊，再过滤一次，直至滤液澄清。将滤液倒入蒸发皿内，边加热边搅拌。当蒸发到只剩少量液体时，停止加热。静置片刻，观察蒸发皿内有白色晶体（"三钾盐"）出现。

2. 检验草木灰中存在的离子：①用焰色反应检验钾离子；②取少量制得的晶体，放入试管里并加入蒸馏水，待全部溶解后，将溶液分装在三支试管里：在第一支试管里滴加盐酸；在第二支试管里滴加氯化钡溶液，再滴加盐酸；在第三支试管里滴加硝酸银溶液，再滴加稀硝酸，分别检验碳酸根离子、硫酸根离子、氯离子。

废旧干电池的回收综合利用

【实验背景】

电池给人们的生活带来很大方便，但使用完后，如果不合理回收，不仅造成资源浪费，也会给环境造成严重污染。在我国，这些干电池用完后，一般被当作垃圾扔掉，这不仅浪费了宝贵的金属资源，而且对环境造成严重的污染，破坏生态环境，危害人类的身体健康。因此，回收利用干废旧电池，不仅具有重要的经济效益，还具有明显的环境效益和社会效益。

【实验原理】

干电池里有铜片、炭棒、锌片、二氧化锰、氯化锌、氯化铵、炭黑、石墨等单质和化合物。通过溶解、洗涤、过滤、蒸发、灼烧等操作，能得到这些物质。

【操作步骤】

1. 回收锌：用剪刀取出废电池的外皮，洗净后剪碎晾干，即得锌的碎片。

2. 回收铜片：取下废电池上的铜帽捶扁，先用煮沸的稀硫酸洗涤，再用清水漂洗干净、晾干，就得到紫红色的铜片。

3. 回收炭棒：从废电池中取出炭棒，洗净即可。它可作为电解器中的电极和燃料电池的电极使用。

4. 回收二氧化锰：取出干电池中的黑色糊状物，放在烧杯里，加热水搅拌，洗涤 2～3 次，除去其中氯化铵和氯化锌等可溶物。取出黑色沉淀物，放在石棉网上,先用小火烘干,然后渐渐加大火焰,对烘干的黑色粉末强热灼烧(温度由低到高慢慢加热),使黑粉中的炭黑和石墨不断被氧化为二氧化碳(灼烧温度不能过高,时间不宜过长,因为超过530℃会有部分二氧化锰被分解)。当粉末中不再产生气体时,停止加热,冷却,即为二氧化锰。

5.回收氯化铵:洗涤干电池中黑色糊状物时,其中溶于水的物质主要为氯化铵(含有少量氯化锌)。把洗液抽滤一次即得澄清的滤液,经加热、蒸发、浓缩、结晶,即得到氯化铵晶体(含有少量的氯化锌)。如果要得到较纯的氯化铵,可以做重结晶处理。

(高二,陈莹莹、文晓霞等)

教材巩固性实验类

氢氧化铝的生成和性质

【实验目的】

认识氢氧化铝的制取方法和性质。

【实验原理】

加氨水或碱于铝盐溶液中,能生成白色无定形凝胶状沉淀,这是水合氧化铝,一般称为氢氧化铝。在偏铝酸盐溶液中通入二氧化碳,能得到较纯净的氢氧化铝白色沉淀:

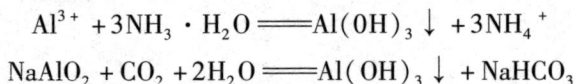

$$Al^{3+} + 3NH_3 \cdot H_2O =\!=\!= Al(OH)_3\downarrow + 3NH_4^+$$

$$NaAlO_2 + CO_2 + 2H_2O =\!=\!= Al(OH)_3\downarrow + NaHCO_3$$

氢氧化铝加热分解,可生成氧化铝。氢氧化铝是典型的两性氢氧化物,能溶于酸和强碱。

【实验药品和仪器】

试管、漏斗、坩埚、铁三脚架、石棉网、酒精灯、玻璃棒;硫酸铝溶液、氯化铝溶液、氢氧化钠溶液、氢氧化钾溶液、氨水、稀盐酸。

【操作步骤】

1. 氢氧化铝的生成:取三支试管各加入 3mL1 mol/L 硫酸铝或氯化铝溶液,分别滴加适量的氢氧化钠溶液、氢氧化钾溶液和氨水,观察试管内有蓬松的白色胶状沉淀的生成。

2. 氢氧化铝的两性:将上述三支试管静置片剂,倾去上层液体,保留沉淀。用蒸馏水洗涤沉淀,再倾去上层清液;在第一管中注入浓的氢氧化钠溶液,振荡,沉淀即溶解。在第二管中注入 2 mol/L 稀盐酸,振荡,沉淀也溶解。在第三管中注入浓氨水,振荡,沉淀不溶解。

3. 氢氧化铝的热分解：将第三管里的沉淀倒入漏斗中过滤，并用蒸馏水冲洗沉淀，得到较纯净的氢氧化铝。取少量氢氧化铝沉淀放入坩埚里加热，氢氧化铝即分解生成白色的氧化铝。

（高二，李俊延等）

二氧化碳与氢氧化钠溶液反应现象的改进实验

【实验目的】
掌握酸性氧化物与碱反应生成盐和水这一反应规律。

【实验药品和仪器】
烧杯、玻棒、CO_2 发生器、试管、玻璃导管；96％酒精、氢氧化钠、盐酸、蒸馏水。

【实验原理】
CO_2 与 $NaOH$ 水溶液可反应生成 Na_2CO_3 与水，因生成物 Na_2CO_3 溶于水而无鲜明现象，现改用氢氧化钠的酒精饱和溶液，Na_2CO_3 不溶于酒精而成结晶析出。

【实验操作】
称取 2 克氢氧化钠放于烧杯，加入 60mL96％酒精，不断搅拌，使成饱和氢氧化钠酒精溶液，贮入试剂瓶备用。取 3mL 饱和氢氧化钠酒精溶液于试管，通入 CO_2，则产生白色沉淀，这是生成的碳酸钠。将上述生成物分装于两试管，一管中加入少量蒸馏水，振荡，沉淀溶解；另一试管中滴加盐酸，产生 CO_2 气体，用点燃的火柴伸入试管，火焰熄灭来验证。

（高二，陈卓 李扬等）

液体分子间具有空隙的实验探究

【实验目的】
了解两种液体相互溶解时体积的变化，说明分子间存在空隙。

【实验用品】
50 毫升容量瓶、滴定管、玻璃管；无水酒精、蒸馏水。

【操作步骤】
方法一：取一端封口，直径 1.5cm、长约 90cm、配有橡皮塞的玻璃管一支,向管内倾注无水酒精至管长的一半处,然后加水(为便于观察,可用红墨水着色)至满。塞紧橡皮塞,并擦干管壁。上下颠倒,直到混合均匀为止。正立静置,可发现混合液体积减少,管内出现空隙。

方法二:取 50mL 容量瓶 1 个,用滴定管加进 25mL 无水酒精后,再用滴定管加进 25mL 蒸馏水。盖上塞子,振摇至匀,静置片刻,发现混合液体积小于 50mL。

(高一、杨泽凡　曾鹏达等)

金属化合物的焰色反应

【实验目的】
认识焰色反应并学会利用焰色反应检验碱金属离子的方法。

【实验用品】
氯化钙、氯化钠、碳酸钾、硫酸铜固体及溶液;蓝色钴玻璃、酒精喷灯、铂丝等。

【实验原理】
当金属(或它的化合物)在火焰上灼烧时,原子中的电子就被激发,发生能级跃迁,在从较高能级(激发态)跳回低能级时会放出能量,这些能量以一定波长的光的形式发射出来。原子的结构不同,发出光的波长就不同,焰色也各异。如离子 Li^+ 显紫色、Na^+ 显黄色、K^+ 浅紫色、Cu^{2+} 显绿色、Ca^{2+} 显砖红色等等。

【操作步骤】
1. 把铂丝玻璃棒的铁丝一端弯成环状,先用浓盐酸浸渍铂丝,再用蒸馏水冲净,在酒精灯无色火焰中灼烧,观察火焰是否有颜色。如果火焰显色,则应重复上述操作,直至火焰不再显色为止,这表示铂丝已洁净。

2. 用洁净的铂丝分别蘸取氯化钙、氯化钠、碳酸钾和硫酸铜等溶液,放在无色火焰上灼烧,观察火焰的颜色。

3. 再用洁净的铂丝分别蘸些水后粘上氯化钙、氯化钠、碳酸钾和硫酸铜粉末,放在无色火焰上灼烧,观察火焰的颜色。

【注意事项】
1. 观察钾的焰色时,要隔着蓝色钴玻璃去观察。因蓝色钴玻璃可以滤去灯焰本身和钠杂质所产生的黄色光。

2. 钠的焰色反应灵敏度很高,因此盐酸、蒸馏水以及其他试剂中的微量钠都有反应,必须要求火焰的黄色显著,才能确定钠的存在。

3. 应将沾有试剂的铂丝放在酒精喷灯氧化焰上灼烧。如果没有铂丝,可用废灯泡中的电极丝或 300 瓦的电热丝(镍铬丝)。最好用煤气灯,火焰近于无色;酒精喷灯、酒精灯也可以,但酒精要纯。

(高二,陈雪丽等)

"黑面包"实验的改进

【改进原因】

对高一化学中糖与浓硫酸的反应,由于实验现象明显直观,历来为老师们喜爱做演示实验。但此实验在教室做时,烧杯中反应产物中的 SO_2 刺激性气味很大,污染教室环境,很不利于师生的身体健康,也不符合环境保护的要求。并且本实验只让学生观察到产生的气体使之炭化,而对膨松成"黑面包"产生的有毒有害气体的成分却无法证明。为了验证产物成分及处理有毒气体,现将该实验改进如下:

实验装置:

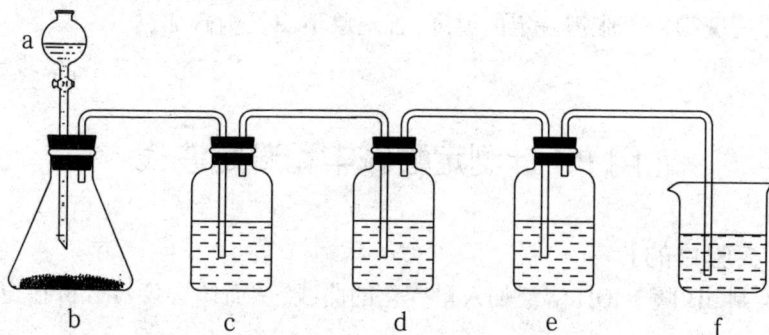

a　　b　　c　　d　　e　　f

上述图中, a.分析纯浓硫酸;b.蔗糖;c.品红溶液;d.高锰酸钾溶液(酸性);e.澄清石灰水;f.氢氧化钠溶液。

【实验步骤】

1. 将装置连接好,检查气密性;

2. 在 250mL 锥形瓶中放入已研细的蔗糖适量 10～20g,然后将其余药品按上图装入瓶中;

3. 将分液漏斗中的浓硫酸逐滴加入锥形瓶中并轻轻摇动锥形瓶。

【实验现象】

可观察到锥形瓶中的蔗糖由白→黄→棕黄→黑,最后炭化,并且膨松上胀成疏松多孔状黑色物质,象"黑面包"一样。同时可看到品红溶液逐渐变为无色,可证明有 SO_2 生成。酸性高锰酸钾溶液颜色由深到浅但并未完全褪去,可证明已将剩余 SO_2 除去。澄清石灰水变浑浊可证明有 CO_2 生成。

【本装置实验特点】

1.现象明显。锥形瓶中可明显观察到蔗糖炭化的一系列过程,还可观察到品红溶液的褪色以及澄清石灰水变浑浊等现象。

2.实验连续,综合性强。充分展示浓硫酸的吸水性、脱水性和强氧化性,以及 SO_2 的漂白性、还原性等。

3.节约用品,操作方便。实验中将浓硫酸改用滴加方式既安全又能控制用量。

4.防止污染,保护环境。本实验中的 SO_2 被吸收处理,有利于环境保护。

【说明】

1.品红溶液浓度较稀为好,否则颜色不易褪去。

2.酸性高锰酸钾溶液浓度大一点,有利于 SO_2 的充分吸收。

3.蔗糖膨松上胀需一定的温度,若现象不明显稍微加热。

(高一,丁东,侯玮珂等)

用 PH 计测定酸碱中和滴定曲线

【实验目的】

绘制 pH 随 NaOH 溶液加入量变化的曲线,从而体会仪器分析在定量实验中的作用。

【实验原理】

利用酸碱混合反应过程中溶液 pH 的变化情况,以 NaOH 溶液滴加量为横坐标,以溶液 pH 为纵坐标,绘制 pH – V(NaOH)曲线。

【实验药品和仪器】

酸式滴定管、碱式滴定管、烧杯、pH 计、滴定台、滴定管夹;0.1000mol/L HCl 溶液、0.1000mol/L NaOH 溶液(或其他相同浓度的标准溶液)、酚酞溶液、蒸馏水。

【实验步骤】

1. 查漏:检查酸式、碱式滴定管是否漏水。

2. 水洗:用蒸馏水洗涤酸式、碱式滴定管2－3次,每次用水5－10mL。

3. 润洗:分别用对应的酸、碱标准溶液润洗酸式、碱式滴定管2－3次,每次用标准溶液5－10mL。

4. 加液:分别将盐酸、氢氧化钠标准溶液注入酸式及碱式滴定管中,然后进行以下操作:

(1)赶气泡:下面接小烧杯,赶走气泡;

(2)调液面:将液面调至0刻度或0刻度以下;

(3)记录读数:记下液面凹处的初始读数。

5. 取液:从酸式滴定管中放出20.00mL的盐酸标准溶液于锥形瓶中,滴加2滴酚酞作指示剂,并在瓶底衬一张白纸。

6. 滴定:向锥形瓶中滴加 NaOH 标准溶液,边滴加边用 pH 计测定溶液的 pH,并将所耗 NaOH 溶液的体积和溶液的 pH 记录下表。(开始时滴加的体积可以间隔大一些,反应接近终点时,测定和记录 pH 的间隔要小,每加一滴测一次)。实验滴加时,要注意准确判断酸碱恰好反应时的情况,即准确判断滴定终点时的情况。

7. 记录:将 pH 记录填入下表:

$V(NaOH)/mL$	0.00	5.00	10.00	15.00	18.00	19.00	19.50	20.00	21.00	22.00	30.00
第一次 pH											
第二次 pH											
第三次 pH											

8. 平行实验:重复以上操作4－7步骤2次。

【数据处理】

根据所测数据(三次有效滴定数据的平均值)绘制溶液的 pH(纵坐标)随 NaOH 溶液加入量(横坐标)变化的曲线图。

(高二,李俊延　叶文豪等)

自来水中铁含量的测定

【实验原理】

常以总铁量（mg/L）来表示水中铁的含量，测定时可以用硫氰化钾比色法。

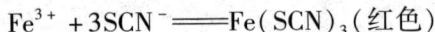

$$Fe^{3+} + 3SCN^- \longrightarrow Fe(SCN)_3（红色）$$

【药品的配制】

1. 0.1000mol/L 硫酸铁铵标准溶液的配制：准确称取 ? g 含 12 个结晶水的分析纯硫酸铁铵固体溶于盛有 50mL 蒸馏水的锥形瓶中，加入 98% 的浓硫酸 20mL，摇荡混匀后加热，稍后逐滴加入 0.2mol/L 的 $KMnO_4$ 溶液，每加一滴都要充分摇荡混匀，直至溶液呈微红色为止。将溶液注入 1000mL 的容量瓶中，加入蒸馏水稀释为 1000mL. 此溶液的含铁量为 0.1000mg/L。

2. 硫氰化钾溶液的配制：称取 50g 分析纯硫氰化钾晶体，溶于 50mL 蒸馏水中，过滤后备用。

3. 配制硝酸溶液：取密度为 1.42g/mL 的分析纯的浓硝酸 191mL 慢慢加入 200mL 蒸馏水中，边加边搅拌，然后用容量瓶稀释为 500mL。

4. 标准比色液的配制：取六支同规格的 50mL 比色管，分别加入 0.1mL、0.2mL、0.5mL、1.0mL、2.0mL、4.0mL 硫酸铁按标准溶液，加蒸馏水至 40mL 后再加 5mL 硝酸溶液和 1 滴 2mL/$LKMnO_4$ 溶液，稀释至 50mL，最后加入 1mL 硫氰化钾溶液混匀，放在比色架上作对色用。

【操作步骤】

取自来水样 40mL 装入洁净的锥形瓶中，加入 5mL 硝酸溶液并加热煮沸数分钟。冷却后倒入与标准比色液所用相同规格的比色管中，用蒸馏水稀释至 50mL 处，最后加入 1mL 硫氰酸钾溶液，混匀后与上述标准比色管比色，得出结果后进行计算并得出结论。

$$总铁量（Fe^{3+}）= \frac{相当的硫酸铁铵标准液量}{水样体积} \times 0.1 \times 1000 \times 482（mg/mol）$$

式中"相当的硫酸铁铵标准液量"是指配制标准比色液时所用的硫酸铁铵标准液的体积。

（高二，李简、周苑芸等）

水的极性与环己烷的非极性——水柱弯曲实验

【实验原理】

水分子具有极性,是因为在氧原子上带着轻微的负电,而在氢原子上带着轻微的正电,因而水是具有极性的分子。具有极性的分子就会被带有电荷的物质吸引;环己烷是非极性的分子,就不会被带有电荷的物质吸引。从滴定管流出来的细水柱经过摩擦起电器旁边发生弯曲现象,而环己烷柱却不会弯曲,以此现象来判断分子是否具有极性。

【实验试剂和仪器】

水、环己烷;摩擦起电器、滴定管架及两支滴定管、细长漏斗状加尖管(微量移液管用的尖管)两支、两个烧杯。

【实验步骤】

1. 将两支滴定管的尖端用细长漏斗状的尖管套住,并且用胶布绑住固定;

2. 分别加入接近满满的水及环己烷（或其他非极性的溶剂）于两支滴定管中;

3. 将滴定管的开关旋开,使实验溶剂水和环己环尽量转到使溶液柱变的细一点;

4. 摩擦起电器接近自然落下的溶液,快速的转动摩擦起电器,观察溶剂柱的弯曲变化情况。

【实验现象】

发现水柱弯曲了,而环己烷柱自然落下,无弯曲现象。

【注意事项】

1. 天气越潮湿摩擦起电就不容易成功,因为摩擦出来的电荷容易被空气中的水分子中和。

2. 摩擦起电器要尽量靠近水柱溶剂,但不要让水喷到起电器上,否则产生静电很快会被水中和。

3. 滴定管的尖端用细长漏斗状的尖端套住的目的是使流下的液体变得更细,以便实验的效果会更好。

（高二,周嘉梁、李嘉轩等）

氢氧化铁胶体的制备及丁达尔效应

【实验原理】

氯化铁的水解反应本身是一个吸热反应:

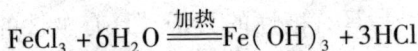

$$FeCl_3 + 6H_2O \xrightarrow{\text{加热}} Fe(OH)_3 + 3HCl$$

因此,加热可以促使平衡向右移动,促使水解的进行。但是胶体氢氧化铁的生成是有一定浓度限制的,如果浓度过大就会形成氢氧化铁沉淀,而且温度比较高的话胶体粒子之间碰撞的机会会增多,也不利于胶体的稳定,所以煮沸的时间不能过长。

【实验药品和仪器】

饱和氯化铁溶液、蒸馏水;铁架台、石棉网、酒精灯、小烧杯、量筒。

【实验步骤】

1. 根据实验需要量取适量蒸馏水,倒入烧杯中;

2. 点燃酒精灯,将烧杯中的蒸馏水在石棉网上加热至沸腾,滴入饱和氯化铁溶液适量(每100mL水中滴入20滴左右),继续煮沸至溶液呈红褐色为止;

3. 熄灭酒精灯,停止加热,取下小烧杯,观察其与氯化铁外观差异;

4. 丁达尔效应:用电子激光笔从烧杯侧面将光线射在烧杯内氢氧化铁胶体中及蒸馏水中,分别观察现象。

【实验结果】

1. 制得的氢氧化铁胶体呈红褐色。

2. 制备得到的氢氧化铁胶体具有丁达尔效应。

【实验注意】

氢氧化铁胶体会出现聚沉现象。操作时煮沸时间不能过长,加入饱和氯化铁的量也不易过多,否则会加剧溶液中胶体粒子的热运动,碰撞概率增大,容易结合成大粒子聚沉而生成氢氧化铁沉淀使实验失败。

(高二,张泽宇等)

趣味化学实验类

"大象牙膏"实验

　　该实验方法是将浓缩的过氧化氢与肥皂混合起来,加上一些碘化钾或高锰酸钾,即可观察到一股充满氧气的泡沫状黄色物质像喷泉一样从容器中喷涌而出。

【实验原理】

　　过氧化氢溶液在催化剂(碘化钾)作用下分解产生大量氧气,在发泡剂(洗洁精)和丙三醇(增强泡沫牢固性)作用下产生巨大泡沫状物质,形如"大象牙膏"。

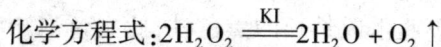

　　化学方程式: $2H_2O_2 \xrightarrow{KI} 2H_2O + O_2\uparrow$

【实验仪器和试剂】

　　1000mL 量筒、水槽;30% 过氧化氢、丙三醇、碘化钾、洗洁精。

【实验步骤】

1. 把量筒放在空水槽中;

2. 在 1000mL 量筒中加入 100mL30% 过氧化氢溶液;

3. 分别于量筒中加 10mL 丙三醇溶液和洗洁精;

4. 加入适量碘化钾固体;

5. 离开并观察实验现象。

【实验现象】

1. 液面上升,溶液变为黄褐色;

2. 从量筒口喷出大量黄色泡沫,形如大象牙膏。

【注意事项】

1. 30% 过氧化氢具有较强腐蚀性,要佩戴胶手套谨慎操作;

2. 该实验反应剧烈,要加入碘化钾后迅速离开。

（高一,陈浩鸿等）

神奇的化学反应——暗之柱

【原理】

这是一个急剧膨胀的化学反应,加热对硝基苯胺和浓硫酸的混合物后会发生非常复杂的化学反应——事实上,止目前还不完全清楚反应的具体详细过程,但经分析最后得到的黑色泡沫物的各元素原子比例为 $C_6H_3N_{1.5}S_{0.15}O_{1.3}$,应该是对硝基苯胺交联后的多聚物。整个反应被称为"爆炸式聚合",膨胀很大应该是反应生成二氧化碳等气体而形成的。

【药品和仪器】

浓硫酸、对硝基苯胺(或4–硝基苯胺);三脚架、石棉网、火柴、酒精灯、烧杯、药勺等。

【操作步骤】

将适量浓硫酸及对硝基苯胺混合(比例以浓硫酸浸湿对硝基苯胺即可,混合物量 50mL 左右实验效果即已十分明显),放在石棉网上,用玻璃棒适当搅拌混合物,用酒精灯在石棉网下加热逐渐变成黑色液体,继续加热约 2 – 5 分钟即会发生急剧膨胀反应,向上快速生成长长的黑色柱,此黑色泡沫状物非常稳定,隔热性能也极好。熄灭拆去酒精灯,清理药品和仪器。

【注意】

此实验对硝基苯胺有毒,浓硫酸也有危险,反应还生成氮氧化物和硫氧化物等有毒有害气体,故实验应在室外或通风橱内做。

"黄金雨"

【反应原理】

由铅(II)离子和碘离子的溶液混合后瞬时形成的明亮的黄色沉淀,被称为"黄金雨",其化学反应式为:

$$Pb(NO_3)_2 + 2\ KI =\!=\!= PbI_2\downarrow + 2\ KNO_3$$

碘化铅的溶解度,在室温下约 1 毫摩尔每升。它是黄色六方晶体,也就是说它的每个小晶体结构都是一个小小的不等边六棱柱形状,这样它就拥有八个可以反光的面。此外,由于布朗运动,这些悬浮在溶液中的晶体还会做无规则的旋转运动,因此在被光照时,每个晶体都会时有时无地把光反向于你,这就是整瓶溶液会不停闪光的主要原因。当然,随着时间的推移,溶液的降温,这些悬浮着的小晶体终究还是会沉下去,而你只需要把溶液摇一摇便可以让它短暂的再次悬浮在溶液中。该反应需要在蒸馏水中进行,因为自来水中的阴离子(如硫酸根离子、碳酸氢根离子、氯离子)也会导致溶液中形成不溶性铅盐,使溶液变得混浊。

【实验药品和仪器】

硝酸铅、碘化钠(或碘化钾);药勺、火柴、酒精灯、玻璃棒、石棉网、烧瓶(或其他自己喜欢的玻璃容器)。

【实验操作】

1. 按反应物质的量之比配制硝酸铅和碘化钠溶液;

2. 取相同体积的硝酸铅和碘化钠溶液混合,起初两种溶液都是无色的,当混合之后会瞬间出现黄色沉淀;

3. 加热沉淀溶液至80℃,沉淀完全或大部分溶解。如不能完成溶解,将沉淀与溶液分离;

4. 静置溶液并让溶液自然降温,这期间会出现黄色的细微的析出物,碘化铅沉淀的大小取决于溶液的冷却速度;

5. 如果用幻灯机之类的强光源照射它,当这些晶体缓慢沉入烧杯底部时,如果以黑色作背景,用灯光照耀结晶过程中的烧杯,就会看到向下落下的美丽的"黄金雨"。

【注意】

可溶性铅盐是有毒的,应做好实验时的安全防护及废液处理,避免与皮肤接触而引起中毒。

滴水成火

【原理】

硝酸铵是一种氧化剂,锌粉是一种还原剂,二者混合后一般并不能直接引发反应,但当氯化铵电离的氯离子和水可以起到催化剂的作用。因此,在烧杯内锌粉、硝酸铵的混合物上加入少量氯化铵固体,然后滴入少量水,在氯离子的催化下,硝酸铵分解并放热,促进剩余的硝酸铵熔化并与锌发生如下反应：

$$NH_4NO_3 \longrightarrow N_2O(g) + 2H_2O（在氯离子作用下）$$

$$Zn(s) + NH_4NO_3(s) \longrightarrow N_2(g) + ZnO(s) + 2H_2O(g)$$

【药品和仪器】

硝酸铵固体、锌粉、氯化铵固体、自来水；烧杯、药勺、胶头滴管。

【操作步骤】

将锌粉和硝酸铵适量放入烧杯等容器中，轻轻搅拌均匀，然后将氯化铵固体少许放入混合物上面，再往混合物烧杯中滴入少量水后马上离开，即时会发生剧烈的燃烧反应，火焰伴随少量固体冲出容器。

【注意】

此反应剧烈，属高危险实验，必须在专门的场地和防护下小心操作。建议此实验由老师操作或在老师在场指导下学生进行操作。

碘酒五变色

【实验原理】

1. 单质碘跟二氧化硫反应，生成无色的氢碘酸：

$$I_2 + SO_2 + 2H_2O =\!=\!= H_2SO_4 + 2HI$$

2. 氢碘酸遇过氧化氢后被氧化而又析出单质碘：

$$2HI + H_2O_2 =\!=\!= I_2 + 2H_2O$$

3. 单质碘遇氢氧化钠，会发生歧化反应而生成无色的物质：

$$3I_2 + 6NaOH =\!=\!= NaIO_3 + 5NaI + 3H_2O$$

饼干屑中含有淀粉，遇碘淀粉变蓝色。

【实验仪器和药品】

量筒、烧杯、玻璃棒、电子天平、称量纸、带盖广口瓶、胶头滴管、火柴；6mol/L 氢氧化钠、碘、碘化钾、无水乙醇、过氧化氢、饼干屑、稀硫酸。

【实验设计及操作步骤】

1. 配制碘酒溶液。称取2g碘、1.5g碘化钾，用75%乙醇溶解、稀释到100mL，得到碘酒溶液。

2. 无色变为啤酒。在带盖广口瓶中加入10mL水，再滴加2～4滴碘酒，无色的水变成啤酒色。

3. 啤酒色消失。取几根火柴，把火柴头靠在一起，划燃后迅速把这束火柴插入广口瓶内。等火柴头在瓶内的液面上燃尽后取出火柴杆,盖上盖子,振荡瓶内溶液。片刻后啤酒色变成无色透明。

4.溶液恢复棕黄的啤酒色。继续向广口瓶内滴加少量过氧化氢,溶液呈现浅棕黄的啤酒色(如果变色不明显,可以滴加几滴稀硫酸)。

5.溶液啤酒色变深蓝色。再向广口瓶内加入少量饼干屑,略摇晃一下瓶子,溶液变成深蓝色。

6.溶液深蓝色变浊白色。向广口瓶内加入 4mL6mol/L 氢氧化钠,略振荡一下,深蓝色褪尽,溶液变成浊白色。

(高一,邹江南、伟航等)

茶水变"墨水"再变茶水

【实验原理】

茶水中的单宁酸与亚铁离子反应生成单宁酸亚铁,而其性质不稳定,很快被氧化成单宁酸铁的络合物而成蓝黑色(茶水变"墨水")。之后加入草酸晶体,因为草酸晶体具有还原性,将三价铁还原至亚铁离子,因此,茶水变回原来的颜色("墨水"变茶水)。

【实验仪器和药品】

试管、烧杯;热茶水、七水合硫酸亚铁晶体、草酸晶体。

【实验步骤及现象】

1.将少量茶水倒入试管,观察茶水的颜色。

2.向试管中加入少许七水合硫酸亚铁晶体,振荡使其溶解,观察溶液颜色变为灰黑色,接近墨水色。

3.将草酸晶体加入试管,振荡使其溶解,观察此时溶液颜色又变成了茶水。

(高二,董余、李简等)

一触就炸

【实验原理】

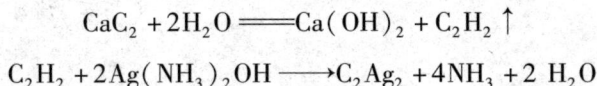

$$CaC_2 + 2H_2O = Ca(OH)_2 + C_2H_2 \uparrow$$

$$C_2H_2 + 2Ag(NH_3)_2OH \longrightarrow C_2Ag_2 + 4NH_3 + 2H_2O$$

$$C_2Ag_2 \longrightarrow 2Ag + 2C$$

【所需药品和仪器】

试管、带导管的橡胶塞、漏斗、滤纸、药匙、石棉网、三脚架、酒精灯、棉花、火柴;2%硝酸银溶液、2%稀氨水、电石。

【实验操作步骤】

1.银氨溶液的配制:在洗净的试管中注入适量的硝酸银溶液,然后向硝酸银溶液中逐滴加入稀氨水,边滴加边振荡,直到最初生成的沉淀刚好完全溶解为止。

2.向试管内加入3mL水,再放入2小块电石,试管口放少量棉花,连接好导管,让乙炔气体通入银氨溶液中,产生灰白色沉淀;

3.过滤沉淀并收集,放在干净的石棉网上,分成绿豆大小的小堆,干燥后将固体触动,一触即可爆炸,也可以在三脚架上加热,乙炔银爆炸时出现火花。如果乙炔银固体量较多,加热时会发出很响的声音,效果十分明显。

(2012年,高二,李俊延)

节奏的爆炸

【实验原理】

碘和浓氨水反应生成六氨合三碘化氮。它不溶于水,干燥后,性质极不稳定,轻微的触动,即引起爆炸。

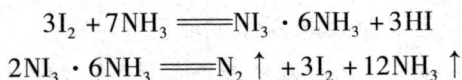

$$3I_2 + 7NH_3 = NI_3 \cdot 6NH_3 + 3HI$$
$$2NI_3 \cdot 6NH_3 = N_2 \uparrow + 3I_2 + 12NH_3 \uparrow$$

【实验药品和仪器】

研钵、60mL锥形瓶、玻棒;碘片、30%浓氨水。

分布均匀细小的六氨合三碘化氮爆炸时没有危险。

【实验操作】

取1克碘片放在研钵里,加入5mL浓氨水。小心研磨3分钟,便得到黑色六氨合三碘化氮的细小固体。加水50mL,经搅动后倒入锥形瓶中。振荡锥形瓶,使黑色粉末均匀地分布在水中,然后洒在舞台上,让它干燥。干燥后,这时在上面跳舞,随着舞步可发出有节奏的爆炸。

(高二,诸冰 郑碧涛等)

水火相容

【实验原理】

在水中放进氯酸钾晶体,再放进白磷。白磷是极易燃烧的单质(着火点约为40℃),在水里因为与空气中的氧隔绝了,所以不能自燃。但是,加入浓硫酸之后,浓硫酸与氯酸钾发生化学反应生成氯酸,氯酸不稳定,放出氧气来,氧气又与白磷发生反应而燃烧,生成产物五氧化二磷,这个反应比较猛烈,在水里也能进行,使得水火同处在一个杯中。

【药品和仪器】

氯酸钾晶体、浓硫酸、白磷固体、水;烧杯、镊子、胶头滴管、药匙、玻璃棒。

【操作步骤】

1.在一个烧杯中倒半杯水,用药匙取适量氯酸钾晶体,轻轻放入烧杯底部。

2.用镊子将白磷固体放入烧杯底部,用玻璃棒稍微搅拌,使固体粉末充分混合。

3.用胶头滴管吸取少量浓硫酸,然后将滴管伸入烧杯底部,将浓硫酸滴入氯酸钾和白磷的混合物中,这时烧杯底部出现火光。

【注意事项】

1.滴入浓硫酸前要保证固体充分混合,以保证化学反应的进行。

2.为了使实验效果更明显,可以换用温水来促进反应的进行,促进白磷燃烧。

3.移动白磷和浓硫酸时要注意不要弄洒在桌面上。

4.试验结束后要将未反应的白磷燃烧掉,以免白磷在实验室内自燃而引起火灾。

(高二,林子健、司德扬等)

"可乐"变"雪碧"

"可乐"在一定条件下也能变成"雪碧"。

【实验原理】

硫代硫酸钠的化学式是$Na_2S_2O_3$,又叫大苏达,会与碘反应生成NaI和

$Na_2S_4O_6$，至于实验中产生的气泡，则是振荡时混入的空气。反应的化学方程式为：

$$I_2 + 2Na_2S_2O_3 == 2NaI + Na_2S_4O_6$$

【实验仪器和药品】

药勺、塑料瓶一只、试管一只、量筒、烧杯。无水乙醇、硫代硫酸钠、碘粒、蒸馏水。

【实验步骤】

1. 取塑料瓶，倒入 3/4 体积的蒸馏水；

2. 取烧杯一只，加入 50mL 酒精并加入适量碘粒，制得深褐色酒精碘溶液；

3. 将配置好的溶液倒入可乐瓶中，边加边振荡碘直到溶液颜色比较接近可乐；

4. 在瓶盖内放入硫代硫酸钠粉末；

5. 将瓶盖轻轻盖在瓶口上，盖紧，将可乐瓶用力一摇变成"雪碧"。在变为雪碧的过程中，溶液由深褐色变为无色，并产生了气泡。

（高二，董余、李简等）

木炭"跳舞"实验

【实验原理】

硝酸钾受热先熔化而后分解为亚硝酸钾和氧气，熔化的硝酸钾和木炭接触，反应所放出的热将木炭灼红，生成的二氧化碳把木炭推上去；木炭和硝酸钾脱离接触后，由于重力的作用而落下。木炭就是这样上下跳跃不停，直到它作用完为止。反应方程式：

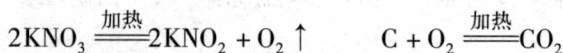

$$2KNO_3 \xrightarrow{加热} 2KNO_2 + O_2\uparrow \qquad C + O_2 \xrightarrow{加热} CO_2$$

【实验仪器和药品】

铁架台、试管、试管架、药匙、酒精灯；硝酸钾粉末、木炭。

【实验步骤】

1. 清洗试管，摆好铁架台；

2. 向试管内加入 5g 硝酸钾粉末；

3. 点燃酒精灯，用酒精灯对着竖直的试管进行预热；

4. 加热一段时间，待硝酸钾粉末变成熔融状态并产生气泡；

5.加入木炭,便产生木炭"跳舞"的奇妙现象。

【注意事项】

1.木炭的块状大小决定了实验的效果。如果木炭太小,会被硝酸钾黏住,产生的气体更容易逸散,而且反应时间太短,所以应当取用较粗的长条形木炭。

2.木炭的燃点比硝酸钾熔点低,但因为两者相近,最好还是点燃后放进去。

(高一,李悠　袁钲皓　吴泳进)

魔棒点灯

【反应原理】

浓硫酸与高锰酸钾反应生成氧化性很强的七氧化二锰(化学式为 Mn_2O_7 的化合物,熔点为 $5.9℃$, $-10℃$ 时升华),七氧化二锰和易燃烧物乙醇剧烈反应放出大量热,从而乙醇被点燃。其反应式为:

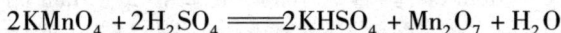

$$2KMnO_4 + 2H_2SO_4 = 2KHSO_4 + Mn_2O_7 + H_2O$$

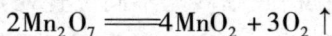

$$2Mn_2O_7 = 4MnO_2 + 3O_2\uparrow$$

$$C_2H_5OH + 3O_2 = 3H_2O + 2CO_2\uparrow$$

【操作步骤】

将半药勺研的很细的高锰酸钾粉末放在一表面皿上,滴入少量浓硫酸于高锰酸钾固体上,然后将蘸有少量高锰酸钾和浓硫酸的混合物的玻璃棒去接触新鲜的酒精灯芯,酒精灯即被点燃。用此玻璃棒可以迅速连续点燃3—4盏酒精灯。

【注意事项】

1.高锰酸钾与浓硫酸要临时调混,用量要少些,用后残留物要及时清洗掉。

2.酒精灯芯要剪平、拉松。

(高一,何佳渝、朱子宁等)

水中花园

【实验原理】

金属盐固体加入硅酸钠溶液后,它们就开始缓慢地和硅酸钠反应生成

各种不同颜色的硅酸盐胶体(大多数硅酸盐难溶于水),例如:

$$CuSO_4 + Na_2SiO_3 === CuSiO_3 \downarrow + Na_2SO_4$$

$$MnSO_4 + Na_2SiO_3 === MnSiO_3 \downarrow + Na_2SO_4$$

$$CoCl_2 + Na_2SiO_3 === CoSiO_3 \downarrow + 2NaCl$$

生成的硅酸盐固体与液体的接触面形成半透膜,由于渗透压的关系,水不断渗入膜内,胀破半透膜使盐又与硅酸钠接触,生成新的胶状金属硅酸盐。这样反复渗透,硅酸盐便生成芽状或树枝状等各种形状。

【实验药品与仪器】

水玻璃溶液(20%),$CuSO_4$固体,$FeCl_3$、$Co(NO_3)_2$固体、$Zn(NO_3)_2$固体,$Ca(NO_3)_2$固体、$Ni(NO_3)_2$固体,$Mn(NO_3)_2$固体等;砂子、烧杯,玻璃棒,水槽等。

【实验步骤】

在水槽或大玻璃容器的底部铺一层约1cm厚的洗净的细砂,再放置一些洗净的像假山的石头等,向容器中加入约20% Na_2SiO_3溶液(或市售水玻璃),溶液约为8~10cm深,静置。用镊子把直径3~5mm的下列盐的晶体投入Na_2SiO_3溶液里(放在槽底细砂上不同位置处):硫酸铜、硝酸锰、硝酸钴、硝酸锌、氯化铁、硝酸镍等。一段时间后可以看到投入的盐的晶体逐渐生出蓝白色、肉色、紫红色、白色、黄色、绿色的芽状、树状的"花草",宛如一个水中花园。

(高一,林可欢、邓浩等)

冰块着火

【实验原理】

1. 电石与冰块融化的水反应,产生易燃的气体电石气,并放热。化学方程式:

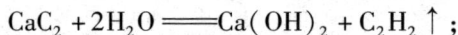

$$CaC_2 + 2H_2O === Ca(OH)_2 + C_2H_2 \uparrow;$$

2. 高锰酸钾和浓硫酸属于强氧化剂,混合后与电石气(C_2H_2)接触,迅速氧化电石气,使其在冰上燃烧,造成"冰块着火"的现象。

【实验药品和仪器】

玻璃棒、冰块、烧杯、表面皿、镊子、药匙、胶头滴管;高锰酸钾粉末、浓硫酸、电石(碳化钙)。

【实验步骤】

1. 在表面皿上加入半勺高锰酸钾粉末,用胶头滴管滴几滴浓硫酸,搅拌均匀;

2. 在水槽上放一块冰块,并用镊子夹取一小块电石置于冰块上方,稍后,冰块融化,此时产生乙炔气体;

3. 用玻璃棒蘸取少量表面皿上的混合油状物,与冰块上的电石接触,就会立刻点燃冰块上的气体,并且气体在冰块上剧烈燃烧。

【实验现象】

火焰在冰块上剧烈燃烧,并一下一下地跳动,经过一段时间后,火焰逐渐减小,最后熄灭,冰块上留下有冰块融化的混合液体,并且不断冒着气泡。

(高一,杨伟耿　王逸飞　曾锦鹏)

滴水生烟

【实验原理】

碘与锌反应(水作催化剂)时放出大量的热,使碘升华成碘蒸气。

【实验药品和仪器】

碘、锌粉、碳酸钠溶液;锥形瓶、胶头滴管、药匙、橡皮塞。

【实验步骤】

1. 用药匙分别取适量干燥的碘和锌粉,在纸上混合均匀。

2. 将碘和锌的混合物送入锥形瓶底中央,用带滴管(预先吸入水)的橡皮塞塞住锥形瓶口。

3. 向锥形瓶中逐滴滴入水,观察现象。

4. 向锥形瓶中加入适量碳酸钠溶液,振荡以吸收碘,防止污染。

(高一,陈雪丽等)

叶脉书签的制作

【背景介绍】

叶脉书签就是除去表皮和叶肉组织,而只由叶脉做成。书签上可以看到中间一条较粗壮的叶脉称主脉,在主脉上分出许多较小的分支称侧脉;侧脉上又分出更细小的分支称细脉。这样一分再分,最后把整个叶脉系统联成网状结构。把这种网状叶脉染成各种颜色,系上丝带,即成漂亮的叶脉书签了。

【实验目的】

叶脉书签的制作过程并不复杂,但趣味性强、效果明显,通过制作,激发自己学习化学的兴趣。充实化学知识,提升化学探究能力,并感受化学的无穷魅力。

【实验原理】

氢氧化钠、碳酸钠的碱性很强,加热时,溶液可以腐蚀掉树叶上的叶肉,破坏叶肉细胞表面的细胞膜,因细胞膜主要成分是脂质,碱性的溶液能够将脂质带走。细胞膜破裂后,叶肉就容易用牙刷刷去,留下叶脉。

【实验步骤】

1. 在一个大烧杯里加入 500mL 水,再加入约 17.5g 氢氧化钠、15g 无水碳酸钠,放在石棉网上加热到沸。

2. 取几片坚韧的树叶放入上述腐蚀液中连续煮沸 10 ~ 15 分钟,这时常用玻棒或镊子轻轻翻动;如腐蚀不够,可延时。

3. 将煮好的叶片取出,用清水漂洗,洗去碱液。再将叶片展平放在玻璃板上,沿着主脉、侧脉,从叶柄向叶尖方向,从主脉向叶缘两侧用牙刷刷去叶肉,边刷边用清水冲洗,直到刷干净为止。

4. 将刷好的叶脉书签放在玻璃板上晾干,用吸水纸夹好,涂上喜欢的颜色,夹在书页中使用。

【注意事项】

1. 选择叶片完整,叶面平展,叶脉明显的老嫩适宜的健全叶。如玉兰叶、柿树叶、白杨树叶等,不要选择平行叶脉的树叶;

2. 加热时间以腐蚀掉叶肉为止,如果时间过短,叶肉去不掉;时间长,叶脉又会染上溶液颜色或使叶脉受腐蚀脆裂;

3. 用镊子取出煮过的叶片,放入清水中漂洗。洗时注意不可用力过猛,以免损坏叶脉组织。

4. 用吸水性强的纸,上下把叶片夹在中间,用重物体往上压。目的是吸干叶脉间所沾的水。一定不能在太阳下暴晒,易把叶脉晒脆,一碰就烂。

5. 所用的药品氢氧化钠是强碱,有腐蚀性,所以在实验过程中一定要注意安全。

（高二,孔祥媛、吴家慧等）

液中星火

【实验原理】

高锰酸钾和浓硫酸接触会产生氧化性很强的七氧化二锰,同时放出热量,七氧化二锰分解出的氧气使液中的酒精燃烧。但由于氧气的量较少,只能发出点点火花,而不能使酒精连续燃烧。

【实验所需仪器和药品】

铁架台、大试管、药匙;高锰酸钾固体、浓硫酸、酒精。

【操作步骤】

取一个大试管,把试管垂直固定在铁架台上,向管内注入5mL的酒精,再沿管壁缓缓地加入5mL浓硫酸,不要振荡试管。试管里的液体分为两层,上层为酒精,下层为浓硫酸。用药匙取一些高锰酸钾晶体,慢慢撒入试管,晶体渐渐落到两液交界处。不久,在交界处就会发出闪闪的火花。

【注意事项】

高锰酸钾用量不可过多,否则反应太剧烈,试管里的液体会冲出来。

(高一,陈子曼、彭雨心等)

第 三 单 元

化学开放实验
学生论文(节选)

植物酸碱指示剂的制作与研究

课题组人员:高二(18 班):张逸、李舒扬、蒋雨蒙、谢熠、

张宇风、揭鉴澍、周秦天、袁野;(2010.12)

摘要: 从植物中提取色素是制备酸碱指示剂的常用方法之一。通过实验,三叶草被证实不适于制作酸碱指示剂,而遇酸变红遇碱蓝绿的紫甘蓝叶片和遇酸变红遇碱变绿的紫色牵牛花瓣可制成酸碱指示剂,其变色范围分别为 pH = 4.31 − 6.60,pH = 2.25 − 5.73,可广泛应用于化学实验研究和日常生活。

关键词: 植物、酸碱指示剂、三叶草、紫甘蓝、紫色牵牛花、变色范围。

一、研究背景

酸碱指示剂,作为各种实验的常用药品,在以化学为首的各个实验性学科中起着非常重要的作用,在生活各个方面也有着非常广泛的应用。而利用植物中提取的色素制成的植物酸碱指示剂,更具横跨生物、化学两大学科,具有很高的研究价值。随着我们化学学习的不断深入,动手探究植物酸碱指示剂的奥秘已不再是遥不可及的梦想。我们希望通过运用各种知识,自己动手,揭开它们的神秘面纱,重新认识这位"熟悉"而又"陌生"的"朋友"。

二、实验目的与意义

自己动手提取植物(三叶草、紫甘蓝和牵牛花)中的色素,检验其是否能够制作成酸碱指示剂,并用化学方法测定其变色范围(等当点)。从而,寻找到新的酸碱指示剂,并依据其变色范围的不同,预测其在化学实验及人类生活中的意义。

三、实验原理

(一)植物酸碱指示剂的变色原理

酸碱指示剂是一类在其特定的 pH 值范围内,随溶液 pH 值改变而变色的化合物,通常是有机弱酸或有机弱碱。当溶液 pH 值发生变化时,指示剂可能失去质子由酸色成分变为碱色成分,也可能得到质子由碱色成分变为酸色成分;在转变过程中,由于指示剂本身结构的改变,从而引起溶液颜色的变化。指示剂的酸色成分或碱色成分是一对共轭酸碱。现以弱酸型指示剂为例,说明酸碱指示剂的变色原理。

弱酸型酸碱指示剂在溶液中存在下列平衡:

$$HIn \rightleftharpoons H^+ + In^-$$

$$酸色成分 \qquad 碱色成分$$

HIn 表示弱酸的分子,为酸色成分;In^- 是弱酸分子离解出 H^+ 以后的复杂离子,为碱色成分。酚酞的酸色成分是无色的,碱色的成分则呈红色。

根据平衡原理:$K_{HIn} = \dfrac{[H^+] \times [In^-]}{[HIn]}$ 或 $[H^+] = \dfrac{K_{HIn} \cdot [HIn]}{[In^-]}$

将等式两边各取负对数得:

$$-\lg[H^+] = -\lg K_{HIn} - \lg([HIn]/[In^-])$$

或 $pH = pK_{HIn} + \lg([In^- 碱色成分]/[HIn 酸色成分])$

由上式可知,溶液的颜色决定于碱色成分的浓度比值,而此比值又与 pH 和 pH_{Hin} 值有关。一定温度下,对指定的某种指示剂,pH_{Hin} 是一常数。所以碱色成分与酸色成的浓度比值随溶液 pH 值的改变而变化,溶液的颜色也随之改变。例如,在酚酞指示剂溶液中加入酸时,H^+ 就大量增多,使酚酞的离解平衡向左移动,这时酸色成分增多,碱色成分减少,溶液的颜色以酸色为主,酚酞在酸液中是无色的。反之,如向溶液中加碱时,则平衡向右移动,碱色成分增加,酸色成分减少,溶液的颜色就以碱色为主,酚酞在碱液中是红色的。所以指示剂可用以指示溶液的酸碱性或测定溶液的 pH 值。

上述弱酸指示剂的变色原理,同样适用于弱碱指示剂。

(二)酸碱中和滴定原理

研究物质时,有两种目的:一是研究物质的组成成分,叫作定性分析;另一种是研究物质中各种成分的含量,叫作定量分析。

在定量分析中,用已知物质的量浓度的酸或碱来测定未知浓度的碱或酸的方法叫作酸碱中和滴定。滴定的目的是测定酸或碱的物质的量浓度。根据酸碱中和反应的实质:

$$H^+ + OH^- \Longrightarrow H_2O$$

即

$$C_标 \cdot V_标 \Longrightarrow C_待 \cdot V_待$$

已知酸或碱的体积,并知道标准溶液的物质的量浓度,可以计算出另一种待测物质的物质的量浓度。

(三)酸碱指示剂的变色范围与等当点

(1)当 $[In^-]/[HIn] \geqslant 10$ 时,只能观察出碱式的(In^-)颜色;

(2)当 $[HIn]/[In^-] \geqslant 10$ 时,只能观察出酸式(HIn)的颜色。

在些区间内指示剂呈混合色,在此范围溶液对应的 pH 值为: $pK_{HIn} - 1$ 至 $pK_{HIn} + 1$。

将 $pH = pK_{HIn} \pm 1$ 称为指示剂理论变色的 pH 范围,简称指示剂理论变色范围。将 $pH = pK_{HIn}$ 称为指示剂的理论变色点,即等当点。

注意:1. 某一具体的指示剂变色范围是通过实验测得的;2. 由于人眼对各种颜色的灵敏度不同,实测值与理论值有一定的出入。

(四)滴定曲线与滴定突越

分析化学中,在化学计量点前后 ±0.1% (滴定分析允许误差)范围内,溶液参数将发生急剧变化,这种参数(如酸碱滴定中的 pH)的突然改变就是滴定突跃,突跃所在的范围称为突跃范围。突跃的大小受滴定剂浓度(c)和酸(或碱)的解离常数影响,c 越大,突跃越大,解离常数越大,突跃越大。

滴定曲线是描述滴定过程中溶液 pH 值与滴定剂加入量之间滴定变化的关系曲线,它对于选择酸碱指示剂具有重要意义。

(五)酸碱指示剂选择原则

(1)颜色变化明显;

(2)指示剂的变色点在滴定突跃范围内;

(3)指示剂的变色范围:pH 值在 4 - 10 之间。

四、实验器材及用品

试剂:三叶草,紫甘蓝,紫色牵牛花,无水乙醇,浓盐酸(36% ~ 37%, V/V),NaOH 固体(分析纯),Na$_2$CO$_3$ 固体(分析纯),邻苯二甲酸氢钾固体(分析纯),蒸馏水。

器材:研钵,铁架台,玻璃棒,漏斗,定性滤纸,烧杯,试剂瓶,标签,胶头滴管,试管,试管架,药匙,10mL 移液管,2mL 移液管,电子天平,分析天平,200mL 容量瓶,橡胶塞,酸式滴定管,碱式滴定管,锥形瓶,量筒,pH 计,通风橱。

五、实验过程及结果

(一)盐酸和氢氧化钠溶液的标定

1. 配制 0.1mol/L 的盐酸和氢氧化钠的溶液;

2. 用分析天平称取 4.0844g 邻苯二甲酸氢钾固体(分析纯)和 2.1198g 碳酸钠固体(分析纯),用电子天平称取 0.80g 氢氧化钠固体(分析纯);用移液管量取 1.67mL 浓盐酸(37%, V/V)。

3. 用 200mL 容量瓶配制 0.1000mol · L^{-1} 邻苯二甲酸氢钾溶液、0.

1000mol·L^{-1}碳酸钠溶液、0.10 mol·L^{-1}氢氧化钠溶液、0.10 mol·L^{-1}盐酸。

4.用邻苯二甲酸氢钾溶液(0.1000mol·L^{-1})和碳酸钠溶液(0.1000mol·L^{-1})标定氢氧化钠溶液和盐酸,重复操作三次,取平均值:

氢氧化钠溶液:

次数	氢氧化钠溶液(mL)	邻苯二甲酸氢钾溶液(mL)	氢氧化钠的浓度(mol/L)
1	10.0	9.26	0.0927
2	10.0	9.28	

盐酸:

次数	盐酸(mL)	碳酸钠溶液(mL)	盐酸的浓度(mol/L)
1	10.0	5.27	0.1053
2	10.0	5.27	

标定结果:氢氧化钠溶液的浓度和盐酸的浓度分别为 $C_1 = 0.0927$ mol·L^{-1};$C_2 = 0.1053$mol·L^{-1}。

(二)三叶草与酸碱指示剂

实验过程:

1.将新摘三叶草洗净,用剪刀剪碎;

2.将所得碎片放入研钵中研磨;

3.在烧杯中倒入约40mL无水乙醇,并将研磨所得液体及残余固体移入其中浸取色素;

4.得到黄绿色滤液,即是色素的乙醇溶液;

5.0.1mol·L^{-1}的 HCl 溶液和 NaOH 溶液;

6.取少量色素溶液分成两份置于两支洁净试管中,分别加入 5 滴 HCl 溶液或 NaOH 溶液,观察现象,三叶草色素溶液颜色变化不大;

实验结果分析:实验发现三叶草中含有的色素在酸性条件与碱性条件中颜色的差异不大,说明三叶草不适于制作酸碱指示剂。

(三)紫甘蓝与酸碱指示剂

实验过程:

1.鲜紫甘蓝撕下适量叶片,洗净,并用剪刀剪成小碎片;

2.将所得紫甘蓝叶子碎片放入研钵中研磨;

3.在烧杯中倒入适量无水乙醇,并将研磨所得液体及残余固体放入其

中溶解浸取色素;

4. 将浸取液过滤,得到紫色滤液,即紫甘蓝色素提取液;

5. 配制浓度约为 0.1mol·L^{-1}的 HCl 溶液和 NaOH 溶液;

6. 取少量紫甘蓝色素提取液分成两份置于两支洁净试管中,分别加入 5 滴 HCl 溶液和 5 滴 NaOH 溶液,观察实验现象,发现加入 HCl 溶液的试管中溶液变为红色,而加入 NaOH 的试管中溶液变为蓝绿色;

7. 取 10.0mL 氢氧化钠溶液和盐酸标准溶液分别于两个锥形瓶,加入适量紫甘蓝色素提取液,分别用盐酸和氢氧化钠溶液滴定,消耗 VmL,测量此时锥形瓶中溶液体积为 V_0mL,则变色点为:pH = $-\lg(Vc_2 - 10c_1)/V_0$ 或 $-\lg(10c_2 - Vc_1)/V_0$,重复操作 3 次,取平均值。

次数	方式	NaOH 溶液(mL)	HCl 溶液(mL)	变色点
1	酸滴碱	10.0	8.77	7.83
2		10.0	8.83	
3	碱滴酸	11.36	10.0	8.98
4		11.38	10.0	

8. 取 5.0mL 氢氧化钠溶液/盐酸于锥形瓶中,加入足量的蒸馏水和若干滴紫甘蓝色素提取液,用 pH 计测量此时的 pH 值。用盐酸/氢氧化钠标准溶液滴定,至加入最后半滴时锥形瓶中溶液恰好变色,用 pH 计测量此时锥形瓶中溶液的 pH 值,即变色点,为 pH = 6.60/4.31;

9. 取 5.0mL 氢氧化钠溶液至锥形瓶中,加入适量蒸馏水,和若干滴紫甘蓝色素提取液,用 pH 计测量此时的 pH 值,逐滴加入盐酸(用酸式滴定管),滴一滴测一次 pH 值,同时观察溶液颜色,画出滴定曲线:

紫甘蓝酸碱指示剂的等当点测定

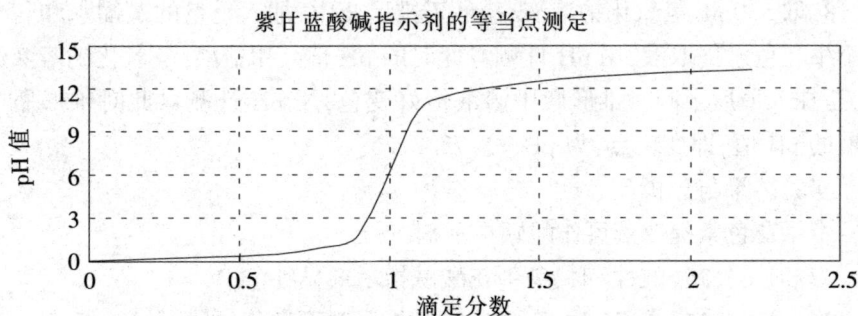

斜率最大点为等当点,即 pH = 6.26。

实验结果与分析：

紫甘蓝色素提取液十分适于制成酸碱指示剂。

当 pH < 4.31(酸性)时，紫甘蓝酸碱指示剂显红色；

当 pH = 4.31 – 6.60 时，紫甘蓝酸碱指示剂不变色(即显紫色)；

当 pH > 6.60(碱性)时，紫甘蓝酸碱指示剂显蓝绿色。

紫甘蓝酸碱指示剂的等当点为 6.26。

(四)紫色牵牛花与酸碱指示剂

实验过程：

1. 将新采摘的牵牛花除去花萼，洗净，并用剪刀剪成小碎片；

2. 将所得牵牛花花瓣碎片放入研钵中，研磨成糊状；

3. 将糊状物倒入烧杯中，加入无水乙醇浸泡 4h；

4. 过滤浸取液，获得黄色牵牛花色素提取液；

5. 配制浓度约为 $0.1 \text{mol} \cdot \text{L}^{-1}$ 的 HCl 溶液和 NaOH 溶液；

6. 取两支洁净试管，各滴入 1—2 滴牵牛花提取液，再分别加入 5 滴 NaOH 及 HCl 溶液，观察到加入 HCl 溶液的试管中溶液变为红色，而加入 NaOH 的试管中溶液变为浅绿色；

7. 分别取 10.0mL 氢氧化钠溶液和盐酸于两个锥形瓶中，加入适量牵牛花色素提取液，用盐酸和氢氧化钠溶液滴定，消耗 VmL，测量此时锥形瓶中溶液体积为 V_0mL，则变色点为 pH = $-\lg(Vc_2 - 10c_1)/V_0$ 或 $-\lg(10c_2 - Vc_1)/V_0$，重复操作 3 次，取平均值。

次数	方式	NaOH 溶液(mL)	HCl 溶液(mL)	变色点
1	酸滴碱	10.0	8.80	4.74
2	碱滴酸	11.36	10.0	4.71

8. 取 5.0mL 氢氧化钠溶液/盐酸于锥形瓶中，加入足量的蒸馏水和若干滴牵牛花色素提取液，用 pH 计测量此时的 pH 值。用盐酸/氢氧化钠溶液滴定，至加入最后半滴时锥形瓶中溶液恰好变色，用 pH 计测量此时锥形瓶中溶液的 pH 值，即变色点，为 pH = 5.73/2.25。

实验结果与分析：

牵牛花色素提取液可作酸碱指示剂。

当 pH < 2.25(酸性)时，牵牛花酸碱指示剂显红色；

当 pH = 2.25 – 5.73 时，牵牛花酸碱指示剂不变色(即显黄色)；

当 pH > 5.73(碱性)时，牵牛花酸碱指示剂显浅绿色。

六、实验结论

三叶草色素提取液不适于制作酸碱指示剂,而紫甘蓝的叶片、紫色牵牛花的花瓣适于制成酸碱指示剂。紫甘蓝酸碱指示剂和紫色牵牛花酸碱指示剂的变色 pH 范围分别为 4.31 ~ 6.60,2.25 ~ 5.73,而在酸碱滴定实验中,滴定终点的 pH 值通常在 4 ~ 10 之间的范围内,可见紫甘蓝制成的指示剂可以完美地满足酸碱滴定实验的需求——pH < 4.31 呈红色,pH = 4.31 ~ 6.60 呈紫色,pH > 6.60 呈蓝绿色;牵牛花指示剂的变色范围虽然和 4 ~ 10 这个范围匹配较差,但其颜色变化非常明显,在 pH 减小的过程由绿色变为黄色,再变为红色,如果稍微改变指示剂溶液的浓度和用量,可能可以获得更实用的牵牛花酸碱指示剂。

通过实验发现紫甘蓝等天然植物酸碱指示剂在酸碱滴定中的作用并不比现在实验室常用的甲基橙酸碱指示剂(变色 pH 范围 3.1 ~ 4.4)差。而且,与人工合成的甲基橙相比,用紫甘蓝或者牵牛花这样的植物自制指示剂无疑可以节省成本,也对环境保护相当有利。另外,实验室中并不需要大量的指示剂,一次滴定实验通常需要滴定 3 次,每次用 2 滴指示剂,也就是平均要做 6 ~ 7 次实验才会消耗 1mL 指示剂,所以指示剂完全可以花 30 分钟自己配制,对配制好的指示剂通过实验测定其变色范围后,就可以应用于各种酸碱滴定实验。日常生活中,也可以自行用植物制作酸碱指示剂,测定各种液体的酸碱性。

[参考文献]

[1] 武汉大学主编. 分析化学[M]. 高等教育出版社,2006:110 - 165.

[2] 张锡瑜. 化学分析原理[M]. 北京:科学出版社,1996.

[3] 高华寿. 化学平衡与滴定分析[M]. 北京:科学出版社,1996.

[4] 科尔索夫 IM. 定量化学分析[M]. 南京化学学院分析化学教研室译. 北京:高等教育出版社,1987.

[5] 常文保,李克安. 简明分析化学手册[M]. 北京:北京大学出版社,1981.

关于进口水果与国产水果 Vc 含量的研究

高一,万泽宇 林明远 柳昌林(2014 年 4 月)

关键词:V_c 含量;滴定实验;氧化还原应用;国产进口水果

一、问题的提出

在经济全球化趋势推动的今日,购买到进口的水果已是轻而易举的事,但是同时也引发了广大消费者对进口水果与国产水果之间诸多差异的疑问:进口水果在价钱上为何总高出一截,是由于营养含量较高还是由于其他原因?进口橙子中看不中吃?泰国榴梿比国产香,美国樱桃比国产红大甜?进口水果除了价格其他方面有无差异?等等。鉴于此,我们决定探究进口与国产的两种水果:橙子和猕猴桃在营养含量(Vc 含量)的高低。

附:相关文献简介

1. 维生素 C:维生素 C(Vitamin C ,Ascorbic Acid)又叫 L - 抗坏血酸,是一种水溶性维生素。食物中的 VC 被人体小肠上段吸收。一旦吸收,就分布到体内所有的水溶性结构中。正常情况下,维生素 C 绝大部分在体内经代谢分解成草酸或与硫酸结合生成抗坏血酸 - 2 - 硫酸由尿排出;另一部分可直接由尿排出体外,维生素 C 在体内的活性形式是抗坏血酸。

化学结构:

$$H-\overset{5}{\underset{4}{C}}^*-OH \quad \overset{6}{C}H_2OH$$

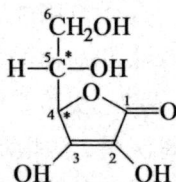

物理性质:外观:无色晶体;溶解性:维生素 C 易溶于水,水溶液呈酸性;略溶于乙醇,不溶于三氯甲烷或乙醚。

化学性质:分子式:$C_6H_8O_6$;分子量:176.13;水解性:具有内酯结构,碱性下可水解;酸性:具有烯二醇结构—酸性。

不稳定性:V_c 性质极不稳定,分子中含有连烯二醇基 $[-C(OH)=(OH)-]$ 的结构,具有很强的还原性及内酯环的结构极易水解。一方面与空气接触自动氧化生成脱氢抗坏血酸,另一方面 V_c 的水溶液不稳定,PH 过高或过低都能使内酯环水解。维生素 C 在溶液中也很不稳定,易被氧化失活。影响维生素 C 稳定性的因素有溶液的 pH、温度及溶液中的某些金属离子。

2. 富含维生素 C 的水果一览表:

排名	食物	分量(g)	数量	维生素 C 量(mg)
1	樱桃	50	12 粒	450
2	番石榴	80	1 个	216
3	红椒	80	1/3 个	136
4	黄椒	80	1/3 个	120

续表

排名	食物	分量(g)	数量	维生素 C 量(mg)
5	柿子	150	1 个	105
6	青花菜	6	1/4 株	96
7	草莓	100	6 粒	80
8	橘子	130	1 个	78
9	芥蓝菜花	60	1/3 株	72
10	猕猴桃	100	1 个	68

二、实验目的和要求

1. 了解氧化还原滴定在生活中的应用;

2. 通过查阅资料,自主学习 Vc 的性质结构和 Vc 含量的定量测定;

3. 完成滴定实验的学习,学会滴定法的定量分析;

4. 通过与同学的讨论合作,确定研究课题和实验方案步骤,完成实验材料的准备,并按预定方案进行实验。

5. 实验完成后,分析所得数据,得出相应结论,撰写实验报告,完成实验探究的全过程。

三、实验药品和仪器准备

仪器:天平(砝码)、250mL 锥形瓶(两个)、100mL 烧杯(若干)、25℃ 100mL 容量瓶(一个)、25mL 酸碱滴定管(一支)、20mL 移液管(一支)、胶头滴管(若干)、洗耳球、滴定台(含铁夹);

试剂:蒸馏水(或去离子水)、0.1mol/L 碘滴定液、0.5% 可溶性淀粉溶液、冰醋酸溶液、进口猕猴桃和橙子各一个、国产猕猴桃和橙子各一个。

四、实验步骤过程

试样制备:

1. 碘滴定液(0.10 mol/L)的配制:取碘 13.0g,加碘化钾 36g 与水 50mL 溶解后,滴加盐酸 3 滴,加水至 1000mL,摇匀,用垂熔玻璃滤器滤过后使用。

2. 淀粉指示液:取可溶性淀粉 0.5g,加水 5mL 搅匀后,缓缓倾入 100mL 沸水中,随加随搅拌,继续煮沸 2 分钟,放冷即得。本液应临用新制。

实验步骤:

1. 使用刚购买还未开封的药用 V_C 片剂一片(每片 100mg),研磨成粉,溶解,并配置成 100mL 1mg/mL 的 V_C 溶液;室温下静置。

2. 取 10mL 上述配置的溶液于锥形瓶,并用一定浓度的碘滴定液进行滴定,重复三次实验;

3. 取待测水果,去皮,研磨,并加水稀释,加入锥形瓶中;(后改为:取待测水果,去皮,用纱布包裹住果肉,用力挤果肉中的汁液于烧杯中,加水稀释后加入锥形瓶中);

4. 加入少量新煮沸的蒸馏水(或去离子水),少量冰醋酸溶液,几滴淀粉指示剂,并开始用同样浓度碘滴定液滴定;

每个水果重复三次;

5. 通过得到每组消耗碘滴定液的量,与 V_C 片剂和其他水果平行比较其 V_C 含量。

实验数据记录:

·V_C 片的测定实验数据

维生素 C 片　100mg/100mL 取 10mg

	用碘体积
1	3.80mL　　　*
2	5.50mL
3	5.50mL
4	5.65mL
5	6.20mL　　　*

·橙子的测定实验数据

进口橙子 168.08g

	果汁质量	用碘体积
1	4.66g *	1.75mL *
2	11.82g *	4.57mL *
3	24.68g	12.60mL

国产橙子 201.91g

	果汁质量	用碘体积
1	12.74g	2.90mL
2	10.91g	2.50mL
3	12.53g	2.72mL

·进口猕猴桃、国产猕猴桃的测定实验。实验数据如下：

进口猕猴桃 93.00g

	果汁质量	用碘体积
1	6.69g	2.85mL
2	7.76g	3.30mL
3	9.48g	3.50mL

国产猕猴桃 108.00g

	果汁质量	用碘体积
1	6.04g	1.35mL
2	6.15g	1.20mL
3	5.91g	1.35mL

五、实验结果及数据分析

由上述 V_C 实验数据的 2，3，4 次实验求平均数可得：每 1mg 的 V_C 所需耗的碘滴定液的含量为 0.555mL 所以得到每 1mL 碘滴定液消耗的 V_C 为 1.80mg。

维生素 C 片　100mg/100mL 取 10mg

	用碘体积
2	5.50mL
3	5.50mL
4	5.65mL
平均	5.55mL

由以上以 V_C 片剂为标准的数据可折算出每种水果中果汁里 V_C 的含量，以及平均每克果汁中的 V_C 含量为：

进口橙子 168.08g

	果汁质量	V_C 含量	平均每克果汁中 V_C 含量
1	4.66g *	3.150mg *	0.676mg/g *
2	11.82g *	8.226mg *	0.696mg/g *
3	24.68g	22.680mg	0.919mg/g

国产橙子 201.91g

	果汁质量	V_C 含量	平均每克果汁中 V_C 含量
1	12.74g	5.220mg	0.410mg/g
2	10.91g	4.500mg	0.412mg/g
3	12.53g	4.896mg	0.391mg/g

进口猕猴桃 93.00g

	果汁质量	V_C 含量	平均每克果汁中 V_C 含量
1	6.69g	5.130mg	0.767mg/g
2	7.76g	5.940mg	0.765mg/g
3	9.48g	6.300mg	0.664mg/g

国产猕猴桃 108.00g

	果汁质量	V_C 含量	平均每克果汁中 V_C 含量
1	6.04g	2.430mg	0.402mg/g
2	6.15g	2.160mg	0.351mg/g
3	5.91g	2.430mg	0.411mg/g

每组的"平均每克果汁中的 V_C 含量"加权平均后可得：

品种	平均每克果汁中 V_C 含量
进口橙子	0.919mg/g
国产橙子	0.404mg/g
进口猕猴桃	0.732mg/g
国产猕猴桃	0.388mg/g

由此可以看出：无论是橙子还是猕猴桃，进口的品种在平均每克果汁中 V_C 含量中都远高出国产品种的果汁中的 V_C 含量。当然，也不排除有些国产水果的果肉中的 V_C 更丰富的可能。

六、实验思考

本次实验，虽然过程并不是一帆风顺，从一开始实验课题变更（由测量比较果汁中 V_C 的含量与相应水果的 V_C 含量到研究进口国产水果 V_C 含量的比较）以及实验方案的改变（不使用重铬酸钾和硫代硫酸钠进行多次重复烦琐的实验而将药用 V_C 作为标准进行平行对照),但是感觉收获颇丰,从原来只知道氧化还原反应的方程式,高锰酸钾在酸性的条件下可以还原碘等等老师灌输给我们的这些书本上的知识,到我们自主地通过查阅资料去了解 V_C 的性质结构,学习滴定实验和滴定法的定量分析并参考网上 V_C 含量的定量测定的方法,通过合作和讨论定下我们的课题以及实验方案,这是由老师灌输到自主学习的飞跃。现在通过与同学的讨论合作,确定研究课题和实验方案步骤,完成实验材料的采购,并按预定方案进行的什么结论都不知道,极有可能失败或者一个数据都得不到的"探究型"实验,这又是由"被实验"到自主探究的飞跃。这种实验不仅能锻炼同学的坚持不懈的毅力,实验中吹毛求疵的科学性和严谨性,还有分析数据和误差时候的客观性和批判性。最重要的还是灵活性,要灵活运用知识,灵活地适时改变方案,用批判性的眼光看待网上以及书上的资料,不要总幻想着自己的实验方案就是完美的,出现误差时勇于面对,并客观分析,找到解决方案。个人认为这些东西是课本中不可能学到的,但又比那些死记硬背的知识重要得多的一次探究经历。

[参考文献]

[1] 李克安.分析化学教程[M].北京:北京大学出版社,2005:536-538.

[2] 北京大学化学系分析化学教学组.基础分析化学实验(第二版)[M].北京:北京大学出版社,1998:355-356.

[3] 武汉大学主编.分析化学(第四版)[M].

碘钟实验影响因素的探究

庞培卓　候千航　张熙然(高二,2015.12)

一、实验介绍

碘钟反应是一种化学振荡反应,于1886年被瑞士化学家 Hans Heinrich Landolt 发现。从反应开始到蓝色出现所经历的时间,可作为反应初速的计量。由于这一反应能自身显示反应进程,故常称为"碘钟"反应。

我们小组想在完成碘钟实验的基础上,进一步探讨对于碘钟实验周期与速率的影响因素,因此设计并做如下实验。

二、反应原理

1.碘酸钾和硫酸混合时生成碘酸,碘酸与氧化剂反应生成单质碘。

$$2KIO_3 + H_2SO_4 + 5H_2O_2 \xrightarrow{Mn^{2+}} 5O_2 \uparrow + I_2 + 6H_2O + K_2SO_4$$

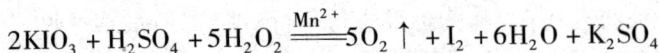

2. 碘与淀粉作用产生蓝色,当碘浓度较大时

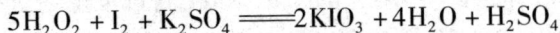

$$5H_2O_2 + I_2 + K_2SO_4 \Longrightarrow 2KIO_3 + 4H_2O + H_2SO_4$$

3. 由于消耗了碘,溶液蓝色逐渐褪去。震荡试管

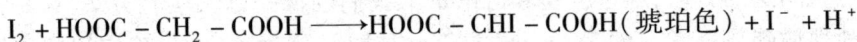

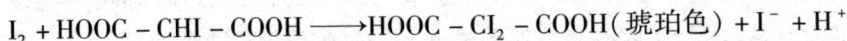

$$I_2 + HOOC - CH_2 - COOH \longrightarrow HOOC - CHI - COOH(琥珀色) + I^- + H^+$$

$$I_2 + HOOC - CHI - COOH \longrightarrow HOOC - CI_2 - COOH(琥珀色) + I^- + H^+$$

4. 丙二酸的存在使得碘离子的浓度增大,增大了碘分子的溶解度,从而起到了用 I_3^- 的形式来储存 I_2 的作用。

$$I^- + I_2 \leftrightarrow I_3^-$$

从而延长了变化周期,增加了颜色循环的次数。

三、实验过程

1. 实验试剂:30% 过氧化氢、丙二酸、硫酸锰、可溶性淀粉、碘酸钾、浓硫酸、水;

2. 实验器材:烧杯 50mL 三个、200mL 一个、玻璃棒、滴管、量筒、容量瓶 250mL 一个、火柴、药勺、酒精灯、铁架台等。

3. 溶液配制:

A 溶液:量取 20mL 30% 过氧化氢,加 30mL 水溶解,共 50mL。

B 溶液:称取 3.9g 丙二酸,0.8g 硫酸锰,以及 0.075g 水溶性淀粉,配成 250mL 溶液,取出 50mL 使用。

C 溶液:2.1g 碘酸钾溶于 50mL 水。

4. 实验步骤:①现在的 A、B、C 溶液各 50mL,将它们在 200mL 的大烧杯中稍加混合。②用滴管吸取浓硫酸,向已混合的溶液中滴加 8 滴,然后搅拌,反应开始。

四、实验现象

1. 将 A,B,C 三溶液倒入大烧杯中,没有任何变化。此时滴加 8 - 9 滴浓硫酸,搅拌,反应开始。

2. 溶液在搅拌过程中由无色变琥珀色,且琥珀色逐渐加深,直至明显的琥珀色至浅橙色,持续较短一段时间。

3. 溶液突然变为深蓝色,持续较长一段时间。

4. 溶液颜色变浅直至无色。

5. 循环以上周期。

五、反应特点

1. 碘钟反应为振荡反应的一种,其特点为反应物和产物的浓度周期性的发生变化,忽高忽低。也就是说,某种反应在特定的条件下,反复向两边反应。而碘钟实验的颜色周期性变化也是如此。碘钟反应本身是全程不会出现靛蓝色或深蓝色的,但我们为了使反应更加直观,向其中添加了作指示剂的可溶性淀粉,便可以用碘分子的浓度的周期性变化来指示整个反应的进程。

2. 反应开始后,第一个周期时间明显长于接下来的几个周期,周期随着反应的进行会越来越短,一直到反应速率最快的一个周期,然后反应速率开始减缓,周期开始变长,溶液颜色越来越深,直至反应完毕,反应体系呈深蓝色。

六、实验影响因素探究

1. 空白对照组:按照原配方配置液体,滴加 8 滴浓硫酸,常温,共有 10 个周期。

变色第次	周期(秒)
1	32.52
2	22.20
3	19.82
4	17.89
5	18.20
6	19.34
7	22.45
8	23.38
9	28.90
10	33.90

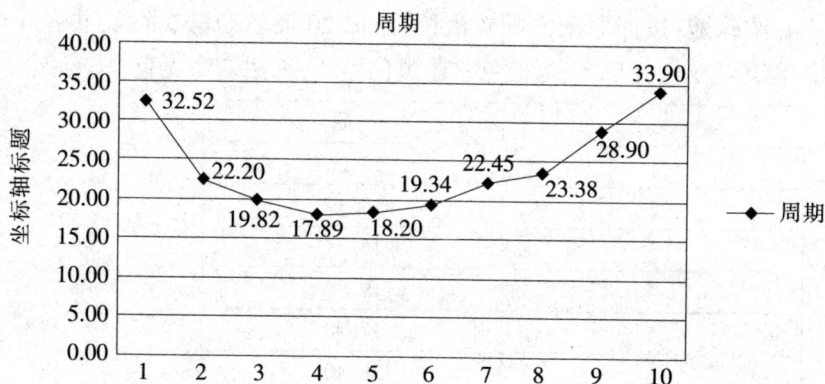

2.温度:按照原配方配置液体,滴加8滴浓硫酸,将大烧杯置于石棉网上,用酒精灯持续加热,共有6个周期。

变色第次	周期时间/(秒)
1	33.03
2	14.70
3	12.08
4	8.08
5	7.89
6	8.50

周期

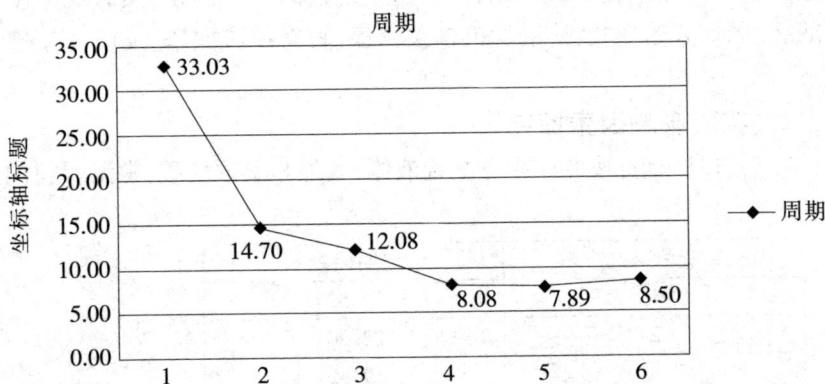

结论:由数据可以得出,在加热的条件下,周期不断变短并达到一定的平衡,反应速率不断加快并达到一个上限。加热可以缩短点钟的周期。

3.丙二酸:在原配方中去除丙二酸,配置液体,滴加8滴浓硫酸,常温,无周期。溶液由无色直接变为蓝黑色。

结论:丙二酸对于碘分子的储存作用及对维持碘钟的周期性变化有着不可或缺的作用。

4.浓硫酸:按照原配方配置液体,滴加20滴浓硫酸,常温,共有6个周期。溶液可变色,但是只为橙色—蓝黑色循环,无法变为无色。

次数	周期
1	59.96
2	18.39
3	16.78
4	19.02
5	17.90
6	26.40

周期

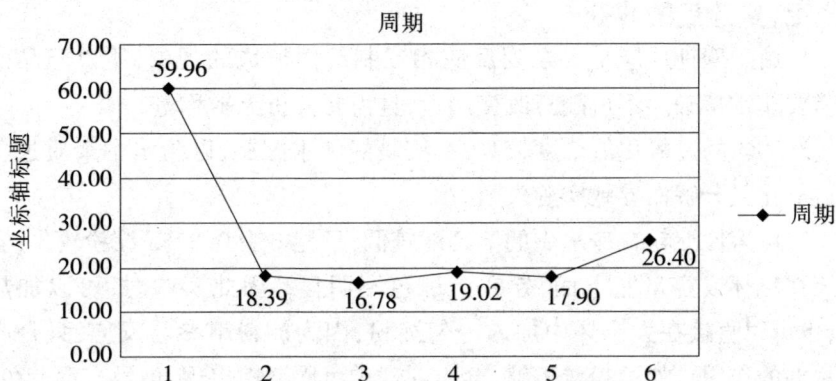

结论:在有浓硫酸的条件下,第一反应周期明显加长,且对于以后的反应周期并没有明显的影响。但浓硫酸多加时,溶液颜色总体偏深,无法变回无色,导致后面周期过于不明显。原因应该是浓硫酸的增多促进了第一个反应,抑制了第二个反应,从而使反应体系中的碘分子含量不断增多。

4.综合:

次数	周期(无变量)	周期(加热)	周期(多滴浓硫酸)
1	32.52	33.03	59.96
2	22.20	14.70	18.39
3	19.82	12.08	16.78
4	17.89	8.08	19.02
5	18.20	7.89	17.90
6	19.34	8.50	26.40
7	22.45		
8	23.38		
9	28.90		
10	33.90		

周期

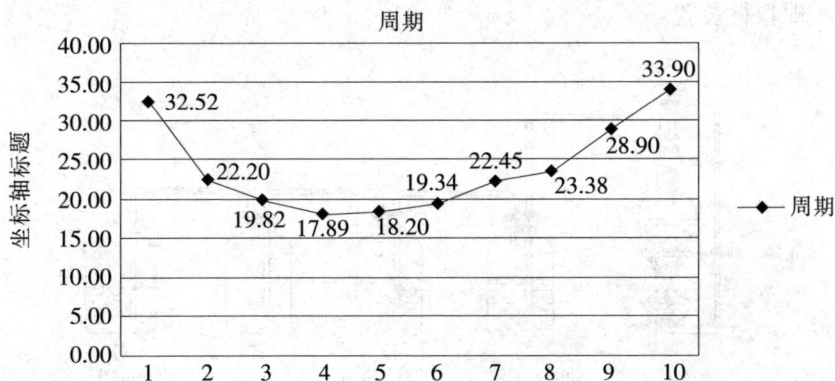

七、实验后的收获

1. 由于碘钟反应是一系列反应相互制约而形成的现象,所以药品的配比需要非常精确。不可随意改变用量,且需要分析天平称量。

2. 30%的过氧化氢浓度较高,A液最好纯水配制,以防水中杂质过多造成过氧化氢分解而导致实验失败。

3. 可溶性淀粉在冷水中的溶解度较低,且配方中0.075g淀粉较少,容易沉淀在烧杯或容量瓶下面,导致蓝黑色不明显。因此实验时,可以加热溶解,也可以直接在大烧杯中加入一勺淀粉,因为淀粉不参与反应,只是起到指示剂的作用。如淀粉量不够,会出现琥珀色周期性出现,但没有深蓝色。

4. 滴入浓硫酸之后,要立即开始搅拌。因为浓硫酸密度大,滴入后会迅速沉至烧杯底部,不搅拌会出现底部已经开始反应而呈现琥珀色,而上部仍然无色的情况。

5. 反应完毕由于碘分子浓度较大,会有碘蒸气逸出。

关于氯气的几个实验改进

高二(15) 张海圳(2012.6)

本人注意在以往按照教材装置做氯气的演示实验时发现有很多不足的地方,每一次做完实验时整个教室都是一股难闻的氯气味道,学生也在不停地抱怨,甚至有些学生咳嗽得很厉害,很想吐。所以自己利用学校开放实验室的便利条件,试着将教材的实验进行了些改进,发现效果不错,现将改进实验展示如下:

一、氯气收集的改进

现教材装置:

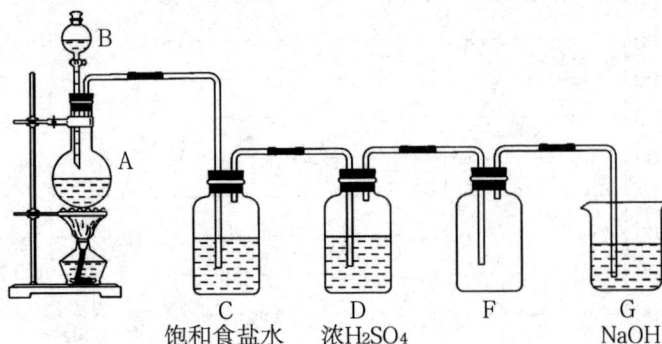

C 饱和食盐水   D 浓H_2SO_4 F   G NaOH

不足之处:只能单瓶收集,当收集满一瓶需要换瓶时必然会造成一部分氯气逸散到空气中,这样既污染了空气又浪费了原料,而且操作也较复杂。

改进装置:

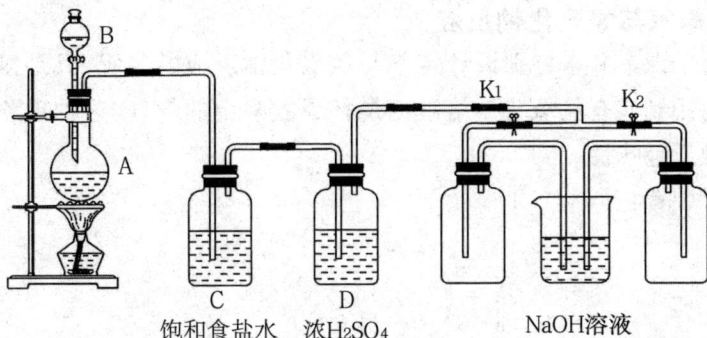

饱和食盐水 浓H_2SO_4 NaOH溶液

改进后的优点:可以同时收集到多瓶氯气,并且换瓶时只需关闭止水夹K_1 或 K_2,然后可以慢慢换瓶收集新的气体,这样就不会造成氯气的逸出,既环保又节约。

二、氯气与铜丝反应

课本装置:

装置缺点:整个装置是敞开瓶口的,当把灼热的铜丝伸进集气瓶时必然会有一部分氯气泄露出来。

改进后装置如下:可用6V直流电源及细钢丝,通电。

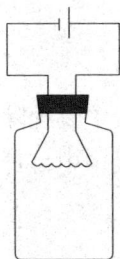

改进后的装置优点：整个装置是全封闭式的，只需接通电源，铜丝因短路(铜丝不能太粗，否则有可能烧坏电源)发热然后立即与氯气反应，现象非常明显而且又环保。

三、氯气与氢氧化钠反应

现有的课本并未特别设计氯气与氢氧化钠反应的装置，只是氯气的尾气处理时用到盛有氢氧化钠溶液的烧杯吸收多余的氯气，这种现象不明显而且又缺乏趣味性。

设计装置：

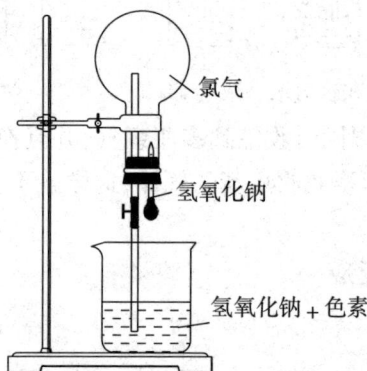

改进后装置优点：当挤压注射器打开止水夹时，氯气与氢氧化钠反应会形成美丽的喷泉，当反应完全时，再向烧瓶中注入二氧化碳气体，会发现色素褪色($NaClO + CO_2 + H_2O = HClO + NaHCO_3$)，这样既增加了氯气与氢氧化钠反应的趣味性，又能验证漂白液的漂白原理。

柠檬酸、醋酸和活性炭去除氨气效果的探究

杨添浩、黄文倩、黄其俊、邓华敏、刘念、王佳涛(高二，2010.12)

一、实验目的

1. 探究柠檬酸、醋酸和活性炭中哪种除味剂的除味效果最佳；
2. 探究柠檬酸、醋酸与活性炭中中哪种组合的除味效果最佳；
3. 自制简易除味剂。

二、实验假设与猜想

1. 柠檬酸吸收氨气的能力可能比醋酸强；

2. 活性炭可以吸收大量氨气;

3. 当不同物质进行两两组合时,二者有可能会相互抑制,使吸收氨气的能力降低;

4. 活性炭与柠檬酸或醋酸的组合吸收氨气时,吸收的效果可能会更佳。

三、实验原理

氨气溶于水后与水发生反应,形成的一水合氨($NH_3 \cdot H_2O$)属于弱碱,而柠檬酸和醋酸属于有机弱酸,能够与其发生中和反应,从而达到去除氨气的目的;活性炭对多种粒子具有吸附作用,应该能够吸附氨气。相关实验反应式:

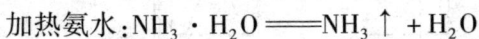

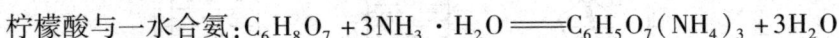

加热氨水:$NH_3 \cdot H_2O = \!\!=\!\!= NH_3 \uparrow + H_2O$

柠檬酸与一水合氨:$C_6H_8O_7 + 3NH_3 \cdot H_2O = \!\!=\!\!= C_6H_5O_7(NH_4)_3 + 3H_2O$

醋酸与一水合氨:$CH_3COOH + NH_3 \cdot H_2O = \!\!=\!\!= CH_3COONH_4 + H_2O$

四、实验药品和材料

浓氨水、柠檬酸固体、乙酸(冰醋酸)、活性炭、稀盐酸、氢氧化钠固体、蒸馏水;铁架台(带铁夹)、石棉网、酒精灯、打火机、烧瓶、干燥管、分液漏斗、漏斗、称量纸(滤纸)集气瓶(带双孔胶塞)、玻璃导管若干、软导管若干、烧杯、滴管、10mL 量筒、100mL 量杯、电子秤、药匙、镊子、棉花等

五、实验步骤

第一实验阶段:该步骤实验目的是分别验证柠檬酸溶液和醋酸溶液、柠檬酸固体和冰醋酸以及活性炭对氨气的吸收效果。

1. 配制溶液

(1)用电子秤称取柠檬酸固体 5.18g,加入量杯中,加蒸馏水至 90mL 刻度线,制成 90mL 0.3mol/L 的柠檬酸溶液①(浓度依据:柠檬和青柠中的柠檬酸含量约为 0.30mol/L)。

(2)用电子秤称取冰醋酸 4.32g,加入量杯中,加蒸馏水至 90mL 刻度线,制成 90mL 0.8mol/L 的醋酸溶液(浓度依据:食醋中的醋酸含量约为 0.80mol/L)。

(3)将配制好的溶液倒入集气瓶中,装上双孔胶塞及长短导管,备用。

2. 称量质量:该步骤实验目的是为了能够更好更方便的比较不同物质对氨气的吸收效果,通过比较不同物质在吸收前后的质量变化,来得出其对氨气吸收量的多少,从而对比其吸收效果。

(1)称量溶液质量(带胶塞及导管),记下数据 $m_{柠檬酸}$、$m_{醋酸}$;

(2)称量活性炭质量(带胶塞及导管),记下数据 $m_{活性炭}$;

(3)称量柠檬酸固体的质量(带胶塞及导管),记下数据 $m_{柠檬酸固}$。

3. 连接装置(如下图)并开始反应:

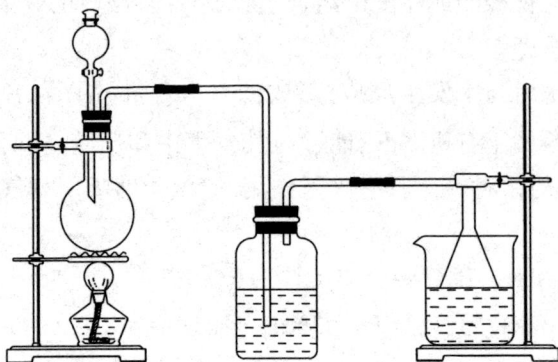

(1)经过大量的预实验,确定采用加热浓氨水的方法来制取氨气(这种方法更加容易控制,在一定程度上避免了气体流速过快及倒吸现象),经过相关计算及试验,量取的浓氨水的量定为 10mL[②],并加入分液漏斗中;

(2)分别将柠檬酸溶液、醋酸溶液、活性炭和柠檬酸固体与发生装置[③]相连,气流由长管进短管出,短管一端连接尾气处理装置[④](如上图);

4. 反应结束,待冷却后称量质量:

(1)称量溶液质量(带胶塞及导管),记下数据 m 柠檬酸’、m 醋酸’;

(2)称量活性炭质量(带胶塞及导管),记下数据 m 活性炭’;

(3)称量柠檬酸固体的质量(带胶塞及导管),记下数据 m 柠檬酸固’。

5. 第一阶段实验结果如下表:

物 质	原质量 m/(g)	反应后质量 m'/(g)	质量变化 △m/(g)	吸收能力
柠檬酸溶液	234.74	236.01	1.27	最强
醋酸溶液	232.78	233.36	0.58	较强
活性炭	46.49(净22)	47.04	0.35	最弱
柠檬酸固体	41.48(净16.81)	41.95	0.47	较弱
冰醋酸	由于腐蚀性太强,不适宜用于除臭剂,取消实验			

第二实验阶段:该步骤实验目的主要是验证三种物质[⑤]组合后对氨气的吸收效果,实验基本步骤与第一阶段相同,在此省略。

1. 0.3mol/L 柠檬酸溶液与 0.8mol/L 醋酸溶液的组合实验

2. 0.3mol/L 柠檬酸溶液与 22g 活性炭的组合实验[6]

3. 0.8mol/L 醋酸溶液与 22g 活性炭的组合实验

4. 第二阶段实验结果如下表：

组合		物质① 原质量	物质② 原质量	物质① 反应后质量	物质② 反应后质量	总质量 变化	吸收 能力
物质①	物质②	$m_1/(g)$	$m_2/(g)$	$m_1'/(g)$	$m_2'/(g)$	$\triangle m/(g)$	
柠檬酸 溶液	醋酸溶液	243.25	230.87	244.41	230.89	1.18	最弱
柠檬酸 溶液	活性炭	236.72	46.67 （净22）	238.07	46.87	1.55	最强
醋酸溶液	活性炭	237.23	46.67 （净22）	238.96	46.35 （存在疑问）	1.41	中等

六、实验结果分析

1. 对于柠檬酸和醋酸，在相同条件下相比起来，柠檬酸的吸收能力要大于醋酸，符合猜想（1）。

2. 当采用单个物质来进行除臭时，效果普遍没有组合除味时的除味效果好，而当物质进行组合时，并没有出现猜想（3）中相互抑制的现象。通过我们最后的数据对比可以发现，当柠檬酸溶液和活性炭进行组合时，所吸收的氨气的量最多，即其除味效果最好，这一点符合猜想（4）。

3. 对于活性炭，并没有收到预想中能够吸收大量氨气的效果，与猜想（2）相悖。在大家的通常认知中，活性炭一般可以吸附一些异味气体，但是对于氨气分子，似乎活性炭的吸收效果并不理想，可能是由于实验操作的相关方面及选用活性炭的种类等原因造成的，所以，对于活性炭还有待继续研究。

七、实验误差分析

1. 装置的气密性不好（硬件原因），造成氨气的泄漏。

2. 气体的流速过快，造成溶液和活性炭无法与氨气充分反应。

3. 加浓氨水时，无法释放氨水中的所有氨气。

4. 通入溶液及活性炭的气体中含有水蒸气，同样会使溶剂及活性炭质量增加。

5. 实验仪器在清洗过后可能未完全擦洗干净。

6. 溶液在配制时可能在称量质量,加蒸馏水时产生误差。

7. 烧瓶、导管和集气瓶中会有气体残留。

8. 操作时会在滤纸、量筒、量杯中有药品残留。

9. 不同次实验操作时温度(室温)差异和加热氨气产生的热量会使得溶液温度改变,影响其溶解度。

10. 通入活性炭时可能未把干燥管装满,导致平放时管的上部有较大空间,而氨气本身密度比空气轻,会从上部流走,无法被活性炭吸收。

11. 实验操作过程中的其他系统误差和偶然误差。

八、实验拓展应用:除味剂的制作

根据我们的实验结果,发现当柠檬酸溶液和活性炭组合时,吸收效果最佳。所以我们的自制除味剂便采用了"柠檬酸溶液 + 活性炭"的组合(如右图)。

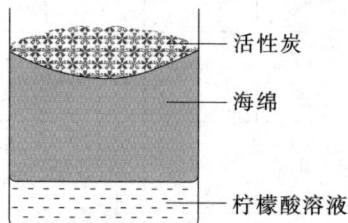

[注:该方案只是理论设计,未进行实际除味效果的试验]

1. 除味原理:

先由活性炭对氨气进行吸附,被吸附的氨气会与海绵进行接触,由于海绵可以吸水和保水,所以海绵可以不断向上吸收下方的柠檬酸溶液,从而使氨气和柠檬酸溶液得以反应,达到取除氨气的目的。

2. 使用方法:

由于氨气的密度比空气小,所以氨气会聚集在厕所的上方,因此要尽量把该除味剂放在较高的地方,以得到更好的吸收效果。

3. 注意事项:

a. 在家中自制除味剂时,要尽量选用敞口较大的容器,使空气中的氨气能够与活性炭充分接触;

b. 海绵在蓬松状态下的宽度大小要略大于容器的大小,使海绵再放入容器后能够"卡"在容器中部,不至于落入溶液中(或者将海绵直接贴紧容器底部,但这样所能盛装的柠檬酸溶液的量就会相应减少);

c. 活性炭不能铺得太厚,当吸收一段时间后(约一周左右)要对活性炭进行翻动,使吸收的氨气能够更好地与柠檬酸溶液反应,并能更加充分的利用活性炭;

d. 活性炭可以直接从市场上购买,柠檬酸溶液则可用柠檬汁代替。

[注释]

① 溶质质量的计算方法：$m_{溶质} = V_{溶液} \times c_{溶液} \times M_{溶质}$，即：溶质质量 = 溶液体积 × 溶液摩尔浓度 × 溶质的摩尔质量。

② 氨水计算方法：

1. 由反应方程式及所算得的溶质的质量得出完全反应时一水合氨的质量。

2. 由一水合氨分解方程式得到氨气的质量；

3. 氨水的质量 = 氨气的质量/氨水中溶质的质量分数；

4. 氨水的体积 = 氨水的质量/氨水的密度；

5. 结合实际，确定用于实际实验中的氨水的量。

③ 发生装置由铁架台、烧瓶、分液漏斗、酒精灯、石棉网、胶塞及导管等组合而成。

④ 尾气处理装置由铁架台、漏斗、稀盐酸、导管等组合而成，由于氨气属于易溶气体，故采用将漏斗倒扣在稀盐酸液面上的方式来进行处理，以防止倒吸。

⑤ 由于柠檬酸固体对氨气的吸收能力比柠檬酸溶液弱，故取消柠檬酸固体与其他物质的组合实验。

⑥ 为了能够更好地模拟厕所的潮湿环境，我们选择先通入溶液中，再经由导管进入活性炭中。

浓硫酸与铜反应验证浓硫酸强氧化性实验之疑问

高二(19)班 郑柏恒(2010.6)

一、一个想法

无论在课本还是习题当中，每当我们看到关于浓硫酸和铜共热的实验时，实验结论多半是这样的："现象是：Cu 溶解、有无色，有刺激性气体冒出、溶液变蓝。证明浓硫酸有强氧化性。"

然而由于老师讲过，硫酸铜晶体在浓硫酸中会变成白色粉末，因为硫酸铜晶体里的结晶水被浓硫酸"抢走了"。联系到上面所述的实验现象，我产生了这样一个疑问：反应后溶液一定是蓝色的吗？可不可能浓硫酸氧化了铜之后，再"抢走"了硫酸铜的结晶水而使它变成白色？

我决定去学校的化学开放实验室一探究竟。

二、动手做做

按照书上说的步骤，我进行了一次浓硫酸与金属铜共热的实验。在做实验的过程当中，意想不到的现象出现了。下面是我在实验笔记中写下的两段：

"……

　　加入浓硫酸和铜片,无明显现象。点燃酒精灯加热,反应试管与处理尾气的装有氢氧化钠溶液的试管内均出现气泡。约2分钟,铜片表面变黑,开始有黑色絮状物质从铜片表面脱落进入溶液,铜片表面产生气泡。试管内充满白色烟雾,处理尾气的溶液上层出现一点点黄色的物质。几分钟后,两试管内气泡溢出速度明显减缓,大试管内液体已经由透明无色变为不透明且呈深灰色,并持续沸腾。熄灭酒精灯。拔出塞在试管口的导管。大试管内液体停止沸腾,有灰白色物质沉淀下来,上层清液呈很浅的蓝色。等试管冷却之后,上层清液几乎变成无色。

　　……

　　将试管内液体连同部分沉淀倒进溶液时,装有水的烧杯内随即变成蓝色。多次洗涤大试管并用玻璃棒探入搅动后后,所有沉淀被投入烧杯,发现有些未反应完毕的铜片在与浓硫酸反应过程中变成了黑色的、中空外方的、呈近似片环状的固体。经过搅拌后,大部分沉淀溶解,发现除铜片外有小部分黑色固体残留,加入稀硫酸并加热亦不能溶解。

　　……"

　　果然,浓硫酸与铜共热后,并不是仅仅出现蓝色这么简单。我们学习的资料上并没有详细完整地描述真实的实验现象,比如实验初期的铜片变黑、尾气处理过程中出现黄色物质(猜想是硫,未验证),以及实验后试管里沉淀下来的灰白色物质还有实验结束液体蓝色褪去等,都没有在书本上被提及。但是,有一个疑问困扰着我和我的搭档:为什么最后会有不溶于黑色固体残留?下面是摘自我实验笔记的一段猜想:

　　"……

　　浓硫酸与铜在加热的条件下反应时,出现了黑色物质,停止加热后沉淀为灰色,上层清液几乎无色。由于试管内液体和沉淀遇水变蓝,判断出黑色物质和灰白色物质中应含有铜离子,初步判断出黑色物质为氧化铜(易溶解于稀硫酸中而变为蓝色硫酸铜),硫化铜(可能为黑色不溶沉淀。灰黑色硫化亚铜排除,因为上网查资料得知硫化亚铜在热的浓硫酸中分解);灰白色物质为无水硫酸铜(白色)。此三种物质中的铜元素均为正二价。由此判断浓硫酸确实将金属铜氧化为了正二价的铜离子,浓硫酸具有强氧化性。

　　……"

　　为初步检验在实验当中出现黑色物质的成分,我又设计了后续试验。

上网查资料得知硫化铜与硫化亚铜均能溶于硝酸与氨水且与硝酸反应时均会产生一氧化氮或二氧化氮。因此可以通过检验黑色固体是否能溶于硝酸与氨水来判断黑色固体是否为硫化铜或硫化亚铜。下面是实验笔记中的两条：

"……

加入稀硝酸,振荡,发现沉淀不溶解。放在石棉网上加热搅拌,黑色与红色固体亦无明显溶解(红色固体是残余的铜片)。

……

加入浓氨水,气味很刺激,但是黑色固体仍然不溶解。

……"

到这里,几次实验并没有为那些不容的黑色物质给出一个很好的解释。于是我们请教了化学组的王东文老师。他提示了我们一个之前没有想到的可能性:铜片里的杂质碳干扰了实验结果。由于碳和浓硫酸直接混合加热并不能直接生成二氧化碳(这是另外一个课本上所没有提到的现象),所以有可能存在于铜片里的碳被一直保留到了实验最后,变成了那些"黑色不溶物质"。

想到这里,我决定去查找更多资料,设计下一个后续试验,一展"黑色物质"的真容。

三、感想

尽管实验最后没有看到自己预想的结果,但是在实验的过程当中,我已获益匪浅,大开眼界。或许我们不应该盲信书本上的知识,而应该利用自己的头脑去思考逻辑,用双手验证结果。

附录 I
深圳中学使用开放化学实验室须知

1. 开放化学实验室是在完成计划规定的实验教学任务之余进行,其目的是根据不同层次学生的要求,确定开放内容,培养学生的实验设计能力和实验操作技能;培养学生创新意识和开拓能力,实现向素质教育转变的目标。

2. 实验室开放内容包括:①化学实验基本操作技能训练;②必修课程及选修课程教学中所要求的全部实验内容;③学生自拟的小发明、小制作、小论文等课外科技活动实验。

3. 实验室开放时间安排在学生的课余时间,即正常教学日周二及周四的下午 16:40—18:30。

4. 开放实验室实行申请登记制度。每实验组成员应在 3—5 人方可安排实验,并且每次安排 2 组学生进行实验,当次实验做不完的可安排下个规定的实验日继续进行。每组实验前应填写开放化学实验内容申请表,并经任课教师对其实验的可行性及安全性方案进行论证审核签字批准后,再按实验所需仪器、药品(要注明药品级别、仪器规格和药品的用量)列好清单提交给实验室管理人员准备,按照预约日期进行实验;对于操作技能实验,可以在开放时间进入实验室进行训练;对于必修和选修课教材中所要求的实验内容,可按课程同步进度进入开放实验室进行实验。但做上述实验的学生进入开放实验室做实验时,均须先登记签字,经同意后方可进入实验室。

5. 每组实验完成后,需在 2 周之内以小组形式提交实验报告、实验视频等资料给实验员,若不能按要求完成者,将不再接受下次申请。

6. 学生进入开放实验室前应阅读与开放实验内容有关的资料,按照实验方案,做好有关实验前准备工作。实验前应对仪器设备及所需药品进行全面检查,确认无误后方可使用。

7. 实验指导教师负责对开放实验室的安全和技术的全面管理,随时对学生实验过程中出现的问题进行指导和处理,确保实验的安全正常进行。

8. 每次使用完实验室后,必须立即将所使用过的实验台、实验仪器和药品等清洗干净,回归原位,并清除垃圾。最后离开实验室的人要注意检查水电等。

9. 在开放化学实验室的实验过程中,由于仪器设备使用不当而导致其毁损的实行毁损赔偿制度,损坏仪器要登记,按仪器价格酌情赔偿。使用者由于不小心损坏物品、仪器或发生其他任何问题时,应主动向实验室指导教师报告,以便及时处理。对实验室任何仪器、药品在未取得指导教师的同意下,不得私自外借或拿出,违者一经查出,给予一定的纪律处分。造成的一切后果自负。

10. 学生严禁穿拖鞋、凉鞋等露脚趾的鞋做实验,进入实验室必须穿实验服,严禁在实验室内饮食、吸烟,以保持实验室卫生整洁。

11. 严禁将有毒有害的实验废液、固体废弃物倒入下水道。对于撒落的化学药品、试剂,应立即报告指导教师以适当的方式处理。

12. 实验期间,如设备或仪器发生故障或意外事故,应立即停止实验,并及时报告实验指导教师,以便采取必要的处理措施。使用电器设备时,严防触电,绝不可用湿手开关电闸。看见危险操作时,应该立刻制止。

13. 在使用腐蚀性、有毒及易燃药品时,必须戴手套;使用明火,必须做到火着人在,人走火灭。

14. 熟悉安全器械的所在位置及使用方法(紧急喷淋,灭火器等)。使用化学药品后和离开实验室前,必须及时洗手。

深圳中学化学组

2011 年 12 月 20 日

附录 II　课程实验参考答案

实验一　玻璃管(棒)、滴管和弯管的加工制作

答案:石棉是不可燃物质,具有高度耐火性和绝热性,是重要的防火材料;由于物质燃烧要有空气并达到一定温度,因此要采取降温和将燃烧物质与空气隔离的措施;另外用石棉网盖住灯管口的同时最好同时用湿抹布盖在酒精壶上,使其降温。

实验二　乙醇的蒸馏及沸点测定

1. 答:加沸石防止暴沸。如果不冷却就加入沸石,会引起严重的暴沸,部分液体会冲出瓶外,如是易燃物,可能引起火灾。

2. 答:沸腾是在一定温度下液体内部和表面同时发生的剧烈汽化现象。液体沸腾时候的温度被称为沸点。不同液体的沸点是不同的,所谓沸点是针对不同的液态物质沸腾时的温度。沸点随外界压力变化而改变,压力低,沸点也低。

实验三　密信和空中生烟兴趣实验

1. 浓氨水中的氨分子和浓盐酸中的氯化氢分子不断运动而从溶液中挥发出来,相互接触生成了氯化铵分子,然后凝固成氯化铵固体颗粒,附着在集气瓶壁上。其化学反应式为:

$$NH_3 + HCL \Longrightarrow NH_4CL$$

2. 密信③要求:这个操作步骤是根据所提供的药品可以看出,第①和第

②已经用去了药品碘与淀粉变蓝色实验和酚酞遇浓氨水变红色实验，还可以用硫氰酸钾遇氯化铁溶液变血红色做这个实验，即把这个变色原理应用于写密信的操作步骤给写下来。

实验四　制作水果电池实验

1. 根据你组自己所用的水果如苹果、橘子等水果，依据实验情况自己总结实验结论。如：不同的水果在电极及电极与水果的接触面积、电极之间的距离以及电极插入水果的深度均相同的情况下电流大小是不同的；同一水果在电极不同、电极与水果接触面积不同以及电极之间的距离不同其电流强度也不相同。这些结论，可以用你测定得到的数据加以总结。

2. 构成原电池的三个条件：(1)必须有能够自发的氧化还原反应发生；(2)有活泼性不同的两种材料作为电极材料；(3)阴极、阳极、电解质溶液共同构成一个闭合电路。也有资料说是四个条件：(1)活泼性不同的两电极；(2)电解质溶液；(3)形成闭合回路(导线连接或直接接触且电极插入电解质溶液；(4)自发的氧化还原反应。实际上两种说法内容是一样的，说四个条件实际上是把那三个条件的其中一个进行了拆分为二个。

实验五　氢氧化钠溶液的标定

1. 用量筒量取。因为这时所加的水只是溶解基准物质，而不会影响基准物质的量，因此加入的水不需要非常准确。所以可以用量筒量取。

2. 如果基准物质未烘干，将使标准溶液浓度的标定结果偏高。

3. 不影响。因为用台秤称取固体 NaOH 配制出的标准溶液后，还需要用基准物(例如：邻苯二甲酸全氢钾)进行标定，才可以得到其准确浓度，用台秤称取只是先配制大约浓度的溶液，便于标定时用。

4. 邻苯二甲酸氢钾好。因为作为基准物分子量越大越好，邻苯二甲酸氢钾 204.22 ，二水合草酸 125.07，这样称取基准物时邻苯二甲酸氢钾的用量大，造成的称量误差小，所以标定后的浓度更准确。此外，二水合草酸保存时可能失水，影响物质的量准确性。

实验六　草酸的测定

1.容量瓶是用来精确配置一定体积一定浓度溶液的仪器,如果漏水,再定容后摇匀就会有液体流出,就会造成所配溶液中溶剂减少或溶质减少,从而使配制的溶液浓度偏大或偏小,所以为了保证浓度,一定要检验是否漏水。

检查容量瓶是否漏水的方法是:右手食指顶住容量瓶塞,左手托住瓶底,将容量瓶倒转过来看瓶口处是否有水渗出;若没有,将瓶塞旋转180度,重复上述操作,如果瓶口处仍无水渗出,则此容量瓶不漏水。

2.洗涤滴定管和移液管是清洗消除管中存在的微量杂质的干扰,保证溶液加入后不会改变浓度以减少误差;而润洗锥形瓶则会造成滴定量不真实,所以不能润洗。

实验七　分子间作用力等实验二则

答:先将一定体积的水与一定体积的乙醇混合在一起,并滴加甲基橙溶液,它们之间是相互溶解在一起的。因为从水和乙醇分子的空间构型来分析,它们都存在有极性 O-H 键,所以在乙醇分子和水分子之间就会存在着一个相互之间的作用力,即氢键,因而它们之间可以任意相互溶解混合,甲基橙溶于乙醇,所以三种物质可以达到一个单相均一的混合体系。但当加入电解质硫酸铵固体后,由于硫酸铵溶于水的离子水合力远大于水与乙醇分子之间形成的氢键的力,所以水分子就会被硫酸铵形成的水合力分离出来而形成一个水 - 硫酸铵无机混合体系,就由原来的乙醇 - 水单相混合体系变为二相,即乙醇有机相和水 - 硫酸铵无机相,由于甲基橙为有机物,根据相似原理,它易溶于有机溶剂乙醇中,所以可以看出明显的二相分层现象。

实验八　硫酸铜晶体中结晶水含量的测定

1.由于无水硫酸铜有极强的吸水性,因此如果不在干燥器中冷却后再称量,就会造成:(1)失去水分的热的硫酸铜粉末会重新吸收空气中的水分而使测定结果偏低,造成测定结果误差。(2)如果不经冷却而直接放置在天平上称量,还会使天平损坏。

2. 由题意可知,结晶水的质量为 1.811 克,无水硫酸铜的质量为 3.201 克,则：$\dfrac{m(CuSO_4)}{160}:\dfrac{m(H_2O)}{18}=\dfrac{3.201}{160}:\dfrac{1.811}{18}=1:5.03$。即每摩尔硫酸铜晶体中含有的结晶水为 5.03 摩尔。

3. 要具体情况具体分析。根据自己做的步骤中的各种实验现象,可以判断和找出误差产生的原因。

实验九　电解饱和食盐水实验

1. 食盐水之所以要精制,是因为食盐水中混有 Ca^{2+}、Mg^{2+}、SO_4^{2-} 等杂质,这些杂质会使电解后产品纯度不高,同时电解产生的 OH^- 会与 Ca^{2+}、Mg^{2+} 结合生成难溶沉淀,堵塞阳离子交换膜,使电解无法进行。之所以用饱和的食盐水,是因为：①饱和的食盐水离子浓度大,会降低电解时溶液的电阻率,有利于电解；②饱和时氯离子浓度大,可以降低氯气在水中的溶解度,利于氯气的释放,从而有利于电解的进行；③极释的食盐水电解时可能产生氧气,使氯气产品不纯。

2. 之所以电解时用碳棒作阳极,铁电极作阴极,是因为阳极接在电源正极上,电源正极会不断地吸电子,所以阳极只能挂惰性电极,如炭棒和 Pt 电极等。若挂其他电极,如铁棒,那么电子被电源正极吸去,Fe 单质会失去电子变成亚铁离子进入电解液中,你会看到铁棒慢慢溶解于溶液中而消失。生成的二价铁离子就会与电解产生的氢氧根离子结合生成氢氧化亚铁白色沉淀；由于氢氧化亚铁不稳定,易被溶液中氧气氧化为红棕色的氢氧化铁沉淀。观察到的现象是：铁电极慢慢消失；溶液先出现白色沉淀(氢氧化亚铁沉淀)→逐渐变为灰色沉淀(氢氧化亚铁和氢氧化铁的混合物)→最后变为棕色沉淀(全部氧化为氢氧化铁)。

实验十　硫酸盐法电镀铜

1. 因为如果镀件表面沾污了油或者锈的话,电镀时这层油膜或锈使镀层和金属隔离,影响金属离子沉淀,严重者甚至镀不上金属。即使表面看上去镀上了镀层,实际上也是结合不牢固。因此,在镀前一定要将镀件进行除油和除锈预处理。

2. 不会。因为电镀时,待镀的金属制品做阴极,镀层金属铜片做阳极,铜片在电镀过程中被氧化成铜离子进入电镀液,补充了电镀液中铜离子的浓度,所以铜离子的浓度不会很快降低。

实验十一 "清水"九变色等趣味实验

1. "清水"九变色的九杯所盛装溶液从①→⑨依次为:氯化钠溶液、硝酸银溶液、氨水、碘化钠溶液、硫化钠溶液、酚酞溶液、稀盐酸、碳酸钠溶液。

2. ①→②至⑧→⑨各变化的主要化学或离子方程式如下:

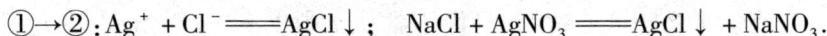

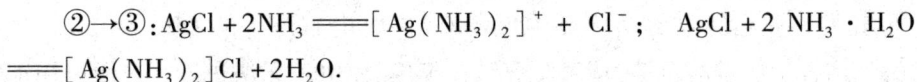

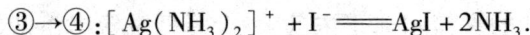

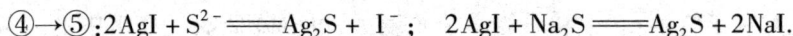

①→②:$Ag^+ + Cl^- \rightleftharpoons AgCl\downarrow$; $NaCl + AgNO_3 \rightleftharpoons AgCl\downarrow + NaNO_3$.

②→③:$AgCl + 2NH_3 \rightleftharpoons [Ag(NH_3)_2]^+ + Cl^-$; $AgCl + 2NH_3 \cdot H_2O$
$\rightleftharpoons [Ag(NH_3)_2]Cl + 2H_2O$.

③→④:$[Ag(NH_3)_2]^+ + I^- \rightleftharpoons AgI + 2NH_3$.

④→⑤:$2AgI + S^{2-} \rightleftharpoons Ag_2S + I^-$; $2AgI + Na_2S \rightleftharpoons Ag_2S + 2NaI$.

⑤→⑥:$Ag_2S + 4CN^- \rightleftharpoons 2[Ag(CN)_2]^- + S^{2-}$;

⑥→⑦:S^{2-}的溶液显碱性,遇酚酞溶液变红色。

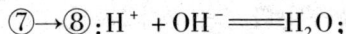

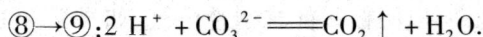

⑦→⑧:$H^+ + OH^- \rightleftharpoons H_2O$;

⑧→⑨:$2H^+ + CO_3^{2-} \rightleftharpoons CO_2\uparrow + H_2O$.

实验十二 二氧化碳相对分子质量的测定

1. 这是由于气体密度一般比液体要低,使相同体积下的质量二者相差很大。对于本实验,如果是万分之一分析天平称量,可以测出二氧化碳的质量,如果换成普通天平去称量 CO_2 气体,由于瓶和塞的质量远远大于气体的质量,很有可能将 CO_2 气体的质量省略(如我们本实验用的百分之一电子台秤)。同理,水的密度相对比较大,在计算瓶的体积时,如果瓶的质量较大的情况下是可以在普通天平上称取得的,计算结果误差也不会很大。

2. 理论上来说只要比空气重的、容易净化和收集的气体都可以用此法测定,比如氯化氢、氯气、二氧化硫等气体。对于那些如一氧化碳、氢气和氧气等相对分子量比空气小或相差不大,用排空气法收集很难得到纯净的气体,是不能用相对密度法来测定它们的相对分子质量的。

实验十三　利用废铝易拉罐制备明矾

1. 铝片剪切后可以增大铝片与氢氧化钠溶液反应的接触面积,加快反应速率。铝片剪切的越小,反应速率越快。

2. 因为明矾溶于水而不易溶于乙醇,所以用乙醇可以洗去产品明矾固体中的其他物质,并且乙醇易于挥发,便于得到较为纯净的明矾。

3. 根据溶解度曲线,当温度较高时,溶液中明矾不能析出;当降温析出时,同时会有硫酸钾和硫酸铝析出,造成明矾析出固体不纯;如果想要得到纯度高的明矾固体,可采取降温重结晶方法,因为在温度低的时候,明矾在这三种物质中的溶解度最小而被析出,另外两种溶液留在溶液中。

附录Ⅲ
化学实验中一些常见仪器简介

仪　器	主要用途	注意事项
试管	用作常温或加热条件下少量试剂的反应容器。	1. 反应液体的体积不超过试管容职的 1/2，加热时反应液体的体积不超过试管容积的 1/3。 2. 加热前要将试管外壁擦干，加热时要用试管夹夹持试管。
烧瓶	1. 用作常温或加热条件下大量物质反应的容器（反应物易混合均匀）。 2. 配制溶液。	1. 反应液体的体积不得超过烧杯容积的 2/3。 2. 加热前要将烧杯外壁擦干，加热时要下垫石棉网。
平底烧瓶　圆底烧瓶 蒸馏烧瓶	平底烧瓶：配制溶液或代替圆底烧瓶（平底烧瓶能平稳放置）。 圆底烧瓶：用作常温或加热条件下大量物质反应的容器。 蒸馏烧瓶：用于液体蒸馏、用作少量气体产生装置。	1. 盛放液体的体积不能超过烧瓶容积的 2/3，但也不宜太少。 2. 固定在铁架台上，下垫石棉网加热。

仪　器	主要用途	注意事项
锥形瓶	1.用作反应容器。 2.用于滴定操作（振荡方便）。	1.盛液不能太多。 2.加热时应下垫石棉网或置于水浴中。
滴瓶	盛放少量液体试剂或溶液（便于取用）。	1.棕色瓶盛放见光易分解或不太稳定的物质。 2.滴管专用,不得弄乱、弄脏。
细口瓶	储存溶液或液体药品。	1.不能直接加热。 2.盛放碱液时应该使用橡胶塞。 3.有色瓶盛放见光易分解或不太稳定的物质。
广口瓶	储存固体药品。	不能直接加热。
量筒	量取一定体积的液体。	1.不可加热,不可做实验容器(如用于溶解、稀释等) 2.不可量取热的溶液或液体。

续表

仪　器	主要用途	注意事项
移液管	精确移取一定体积的液体。	用时先用少量待移取的溶液淋洗。
容量瓶	配制准确浓度溶液。	1.溶质先在烧杯内全部溶解,然后移入容量瓶。 2.不能加热,不能代替试剂瓶存放溶液。
酸式滴定管　碱式滴定管	滴定或量取较准确体积的液体。	酸式滴定管和碱式滴定管不能相互替代使用。
漏斗	过滤液体。	过滤时漏斗颈尖端应紧靠承接滤液的容器内壁。
梨形分液漏斗　球形分液漏斗	梨形分液漏斗:互不相溶的液—液混合物分离。 球形分液漏斗:常用于气体发生装置中滴加液体试剂。	1.不能加热。 2.活塞上涂一薄层凡士林,防止漏液。

续表

仪　器	主要用途	注意事项
干燥管	干燥气体。	1. 干燥剂颗粒大小要适中,填充时松紧要适中。 2. 装入干燥后两端应塞有棉团。
蒸发皿	蒸发、浓缩溶液。	能耐高温,但不宜骤冷。
坩埚	强热、煅烧固体。	1. 放在泥三角上直接加强热或煅烧。 2. 加热或反应完毕用坩埚钳取下,取下后应放置在石棉网上。
研钵	研碎固体物质。	
泥三角	灼烧坩埚时放置坩埚。	
球形冷凝管　直形冷凝管	球形冷凝管:主要用于回流。 直形冷凝管:主要用于蒸馏。	冷凝水应从下口进、上口出。

附录 Ⅳ
部分酸、碱和盐的溶解性表(室温)

阴离子 阳离子	OH^-	NO_3^-	Cl^-	SO_4^{2-}	CO_3^{2-}
H^+	—	溶、挥	溶、挥	溶	溶、挥
NH_4^+	溶、挥	溶	溶	溶	溶
K^+	溶	溶	溶	溶	溶
Na^+	溶	溶	溶	溶	溶
Ba^{2+}	溶	溶	溶	不	不
Ca^{2+}	微	溶	溶	微	不
Mg^{2+}	不	溶	溶	溶	微
Al^{3+}	不	溶	溶	溶	—
Mn^{2+}	不	溶	溶	溶	不
Zn^{2+}	不	溶	溶	溶	不
Fe^{2+}	不	溶	溶	溶	不
Fe^{3+}	不	溶	溶	溶	不
Cu^{2+}	不	溶	溶	溶	不
Ag^+	—	溶	不	微	不

说明:"溶"表示可溶于水,"不"表示不溶于水,"微"表示微溶于水,"挥"表示具有挥发性,"—"表示不存在或遇到水就分解了。